In Erinnerung an:
Andrea Lang, † 8. April 1990
Katrin Koch, † 10. April 2020
Sigrun Benesch, † 9. Jänner 1996

Bibliografische Information der Deutschen Nationalbibliothek:
Die Deutsche Nationalbibliothek verzeichnet diese Publikation in der Deutschen Nationalbibliografie;
detaillierte bibliografische Daten sind im Internet über http://dnb.d-nb.de abrufbar.

1. Auflage	April 2022
© 2022	edition riedenburg
Verlagsanschrift	Adolf-Bekk-Straße 13, 5020 Salzburg, Österreich
Internet	www.editionriedenburg.at
E-Mail	verlag@editionriedenburg.at
Lektorat	Dr. Heike Wolter, Regensburg
Bildnachweis	Autorenfoto Verena Schauer © Wilhelm Bauer; Fotos Kati Koch und Sabine Peterbauer © privat
Satz und Layout	edition riedenburg
Herstellung	Books on Demand GmbH

ISBN 978-3-99082-080-3

Verena Schauer

NACH DEM UNFALL

Das Buch für mehr Sicherheit im Straßenverkehr

✓ Faktencheck
✓ Experten-
  Analysen
✓ Tatsachen-
  berichte

edition
riedenburg

Inhalt

VORWORT

3063 Menschen sind im Jahr 2020 bei Verkehrsunfällen in Österreich und Deutschland gestorben. Eine Zahl, die im Verhältnis zur Gesamtbevölkerung der beiden Länder vielleicht gering wirkt – und daher nicht viel in uns auslöst. Eine Zahl, die man in den Nachrichten hört, die aber spurlos an uns vorbeigleitet, die zu einer schlechten Nachricht von vielen wird, die im Alltag auf uns einprasseln.

Vielleicht sind wir sogar erleichtert, wenn wir über diese Zahl nachdenken. Wir betrachten die Statistiken und uns schießt der scheinbar alles wieder ins Lot bringende Gedanke in den Kopf:

Es betrifft mich nicht. Es betrifft niemanden, den ich kenne.

Und schon gehen wir weiter, fahren ein bisschen zu schnell, überholen mal zu riskant, ignorieren die schlechten Fahrbahnverhältnisse, belassen die viel zu alten Reifen eine weitere Saison – und mit jedem Mal, in dem wir glimpflich davonkommen, rückt die erschreckende Möglichkeit eines Unfalls weiter in die Ferne.

Die Möglichkeit, dass es anders kommen könnte.

Dabei vergessen wir, dass die Zahl der Unfälle selbst eine viel höhere ist und dass es noch viel mehr Menschen sind, die zwar nicht sterben, aber mit Traumata oder schweren Verletzungen durchs Leben gehen.

Diese Zahlen sind keine Gesamtheit. Es sind einzelne Menschen, Leben und Gesichter. Es sind Söhne und Töchter, Schwestern und Ehemänner und beste Freunde, die hier in einer kalten Statistik auftauchen. Ein unendliches Gewicht an Trauer liegt in der Zahl 3063, eine Gewissheit, dass all die gut gegangenen Momente auch katastrophal hätten enden können.

Alle hier zu lesenden Geschichten sind passiert. Jedes hier berichtete Schicksal stellt eine Zäsur im Leben der Opfer dar – eine Trennung in *Davor* und *Danach*.

Dieses Buch kann nicht dafür sorgen, dass keine Unfälle mehr passieren. Gute Ratschläge prallen vielleicht von vielen ab. Strengere Regelungen machen möglicherweise Angst oder erzürnen sogar, doch den unverbesserlichsten Raser wird auch das nicht aufhalten. Aber dieses Buch kann Folgendes:

Einen Einblick in die Welt der Sicherheitssysteme im Auto geben und deren Wirkung aufzeigen. Experten die Möglichkeit bieten, ihr Wissen über die Nachwirkungen von Unfällen zu teilen und die Relevanz von strengen Crashtests aufzuzeigen. Leeren Nummern eine Stimme und ein Gesicht geben.

Und damit sinnlose Tragödien und jahrelang prägende Erlebnisse zu einer Botschaft machen, die so manche nach einem Unfall erst weiterleben lässt:

Es darf nicht umsonst gewesen sein.

Verena Schauer

FÜR SIE

Der Tag.

Der 10. April 2020.

Der Tag, an dem eine neue Zeitrechnung begann: davor – danach.

Der Tag, an dem meine Tochter Kati starb.

Der Tag, an dem meine wunderschöne Kati die Erde verließ, um als Engel weiterzuleben.

Der Tag, an dem ein junger rücksichtsloser Autofahrer von einer Sekunde auf die andere meiner Tochter das Leben nahm.

Der Tag, an dem Katis Träume von einem langen Leben mit ihrem Herzensmenschen Julian, von ihrem Traumjob als Volksschullehrerin, ihren Reisen, ihren Festen und Treffen mit ihren geliebten Freundinnen ein abruptes Ende nahmen.

Der Tag, an dem Oliver seine zwei Jahre ältere, immer lustige, temperamentvolle Schwester, auf die er so stolz ist, für immer verlor.

Der Tag, an dem ich das erste Mal spürte, wie sich der Boden unter meinen Füßen zu öffnen und ich in ein schwarzes Loch zu fallen schien.

Der Tag, an dem ich mich nur mehr am Sarg von meiner Kati verabschieden konnte und sie mich nicht mehr mit ihren strahlend blauen Augen anlachte.

Der Tag, an dem die Worte „Nie wieder" eine reale, wirklich endgültige und schmerzhafte Bedeutung bekamen.

Und der Tag, an dem Viktor Frankls Zitat „Man muss auch aus Katastrophen noch einen Triumph schlagen" für mich Realität wurde.

Denn es war auch der Tag, an dem der Kampf begann.

Der Kampf gegen.

Gegen das Fallen.

Gegen meine Verzweiflung und Sehnsucht nach Kati.

Gegen meine Wut auf Raser und eine Politik, die bisher viel zu wenig dagegen unternommen hat.

Der Kampf dafür.

Für mehr Sicherheit auf Österreichs Straßen.

Für kleine Schritte zurück in mein altes Leben, das nie wieder so sein kann wie vorher.

Für ein glückliches Leben für Oliver, Julian, Marlene mit Nils und Patenkind Lotti, Meli, Angie, Nathi, Thomas mit Fatema mit Alisa und Arian, Alfred und Andrea, Didi, Claudia, Petra und alle Freunde und Familienangehörige, die Kati so sehr geliebt haben, schrecklich vermissen und immer vermissen werden.

Dafür, dass Kati unvergessen bleibt.

Dafür.

Dafür, dass ihr sinnloser Tod nicht umsonst war.

Passen Sie gut auf sich auf, liebe Leser und Leserinnen,

mit stillem Gruß,

Sabine Peterbauer

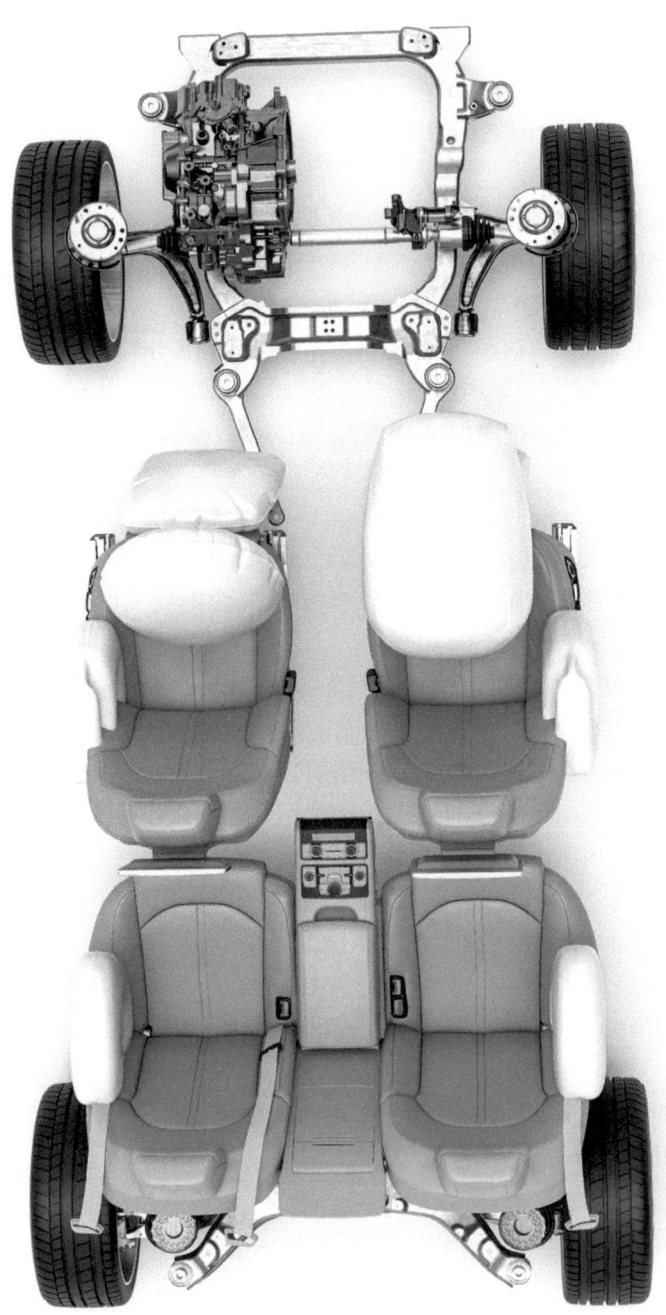

DAS SICHERHEITSSYSTEM AUTO

Wissen Sie eigentlich, wie Ihr Fahrzeug es schafft, die Insassen bei einem Unfall zu schützen? Dank der ausgeklügelten Sicherheitssysteme im Auto gehen selbst schwere Unfälle oft glimpflich aus – häufig wissen autofahrende Personen allerdings nicht, wie diese Schutzmaßnahmen aussehen und was man tun kann, um deren Wirksamkeit zu erhöhen. Die passiven Sicherheitssysteme sorgen dafür, dass die Insassen so gut wie möglich geschützt werden, wenn der Unfall nicht mehr zu verhindern ist. „Nur die Kombination Knautschzone und deren gezielte Verformung beim Crash, Airbags und Gurt sichern die hohen Überlebenschancen bei schweren Unfällen", erklärt ÖAMTC-Techniker Steffan Kerbl.

Neben den Sicherheitssystemen für die Insassen gibt es etwa auch schon „fußgängerfreundliche" Motorhauben, die aufspringen und so den Aufprall entschärfen. „Trotz der Tatsache, dass wir schon so lange an der Fahrzeugsicherheit arbeiten, besteht noch immer viel Handlungsbedarf. Schwachstellen sind überall, besonders die ungeschützten VerkehrsteilnehmerInnen, also Fahrradfahrer/-innen und Fußgänger/-innen, sind hier ein Problem", erzählt der Experte. Motorhauben sind weniger gefährlich als der Motorraum darunter.

„Motorhauben sind recht ‚weich', das Blech gibt erstaunlich viel nach. Trifft man aber mit dem Kopf genau auf die Stelle, an der darunter die Batterie sitzt, ist es wie Stein – daher kann eine aufspringende Motorhaube, die schon in manchen Autos eingebaut ist, oft das Schlimmste verhindern", erläutert der ehemalige Chef-Techniker des ÖAMTC Max Lang. Er weiß aus eigener Erfahrung, was ein Verkehrsunfall bedeuten kann: Seine erste Frau Andrea ist bei einem Unfall ums Leben gekommen. Nicht nur als Experte, sondern auch als Angehöriger liegt ihm die Sicherheit im Auto besonders am Herzen. Er fasst zusammen: „Es kommt der Widerspruch auf, dass das Auto einerseits stabil, andererseits auch weich für ungeschützte Verkehrsteilnehmer sein soll."

 Es bleibt die Erkenntnis: Man kann froh sein, dass all diese Schutzsysteme in einem PKW da sind, aber meist versteht man nicht wirklich, wie sie funktionieren. Wir werfen daher einen genauen Blick auf die wichtigsten Sicherheitssysteme im Auto: Knautschzone, Airbag und Gurt.

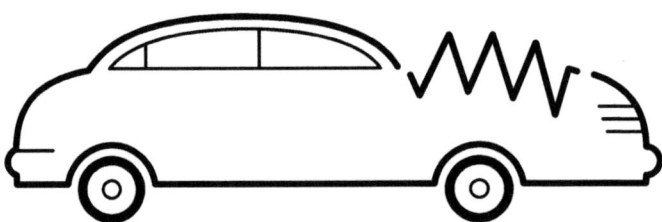

DIE KNAUTSCHZONE – GEZIELTE VERFORMUNG BEIM AUTO

Der Unfall ist vorbei und man betrachtet erstmals das eigene Auto. Die Front zerfleddert, eingedrückt, es sieht nach einem Wunder aus, dass man unverletzt aus der Situation herausgekommen ist. „Es war ein Frontalcrash. Das andere Fahrzeug war bis zum Mitteltunnel eingedrückt, unser Auto fahrunfähig durch den deformierten Kotflügel. Dadurch wurde auch die Lenkung blockiert", erzählt der 37-jährige Stefan W. über seinen Unfall. Zusätzlich waren Motorhaube und Kühlergrill deformiert oder fielen sogar ab. Beide Autos waren ein Totalschaden und stark beschädigt, Airbag gab es keinen. Doch niemand wurde dabei verletzt. Wie ist das möglich?

Der Begriff **„Knautschzone"** ist vermutlich den meisten Menschen schon zu Ohren gekommen – aber lange nicht so viele wissen, wie genau uns die gezielte Verformung des Autos schützt. Ist es ein gutes oder schlechtes Zeichen, wenn die Front des Wagens nach dem Unfall völlig zerstört ist? Und was genau passiert, wenn die Knautschzone zum Einsatz kommt?

Die Knautschzone ist 1952 aus einer patentierten Idee des Ingenieurs Béla Barényi entstanden. Als eine der drei wichtigsten passiven Sicherheitssysteme im Auto kann eine gute Knautschzone entscheidend über Leben und Tod sein. Bei einem Frontalcrash wird durch die gezielte Verformung des Autos dem Aufprall etwas von seiner Härte genommen, denn sie baut die kinetische Energie, die durch den Zusammenstoß entsteht, so gut wie möglich ab.

„Die häufigsten Unfälle sind Frontalcrashs und diese sind auch die gefährlichsten. Es muss unglaublich viel Energie abgebaut werden, vor allem, wenn sich beide Aufprallgegner bewegen", erzählt der ehemalige ÖAMTC-Cheftechniker Max Lang.

Die Knautschzone bezeichnet den Bereich des Autos, der sich bei einem Aufprall „zusammenknautscht" und so die Fahrgastzelle schützt. Sowohl die Front als auch das Heck eines Autos schützen die Insassen mit dieser gezielten Deformation. Bei einem Frontalcrash wird etwa im vorderen Bereich des Autos der Motorraum zusammengedrückt.

Die ersten Zentimeter der Knautschzone sind relativ „weich", bei der Kollision dringt der Unfallgegner also recht einfach in den Frontbereich ein. Je näher aber das Hindernis zur Fahrgastzelle kommt, desto steifer wird die Knautschzone – so wird die Energie des Aufpralls im „weicheren" Bereich abgebaut, aber durch die rechtzeitige Verhärtung ein Kontakt mit dem menschlichen Körper verhindert.

Das Ziel ist es, den Fahrgastbereich völlig unversehrt zu lassen, sodass die Insassen gar nicht erst in Berührung mit dem Hindernis kommen.

Den Bereich um die Fahrgastzelle anfällig für Aufprälle zu machen scheint für Viele auf den ersten Blick absurd. Kein Wunder, dass man vor 1952 auf möglichst harte Fahrzeuge setzte, um das Eindringen eines Unfallgegners vollständig zu verhindern. Das mag logischer erscheinen.

Aber wieso wurden Autos trotzdem weicher gemacht?

Die Antwort hat einen physikalischen Ursprung. Die progressive Festigkeit, also der unterschiedlich hohe Härtegrad der Knautschzone, sorgt dafür, dass die Energie des Aufpralls nicht direkt auf die Insassen einwirkt.

Knallt man mit einem unnachgiebigen, fast „steinharten" Fahrzeug gegen eine Wand, bekommt vielleicht das Auto nichts ab, aber die Energie wirkt vollständig auf den Menschen ein. Man würde härter gegen Gurt und Airbag knallen und ohne jegliches Eindringen vom Unfallgegner schwere innere Verletzungen davontragen. Solch einer Energie würden die Rippen nicht standhalten, der Airbag würde vermutlich platzen und die Überlebenschancen sinken stark.

Die Knautschzone ist zwar heute Bestandteil jedes Autos, allerdings nicht überall gleich effektiv. Der Unterschied lässt sich simpel erklären: Fährt ein SUV mit langer Schnauze und viel Aufprallfläche frontal gegen einen Kleinwagen, kann der kleine PKW nicht so viel Knautschzone anbieten wie sein großes Gegenüber. Ein Wagen mit doppelter Masse liefert auch doppelt so viel Energie beim Aufprall, die abgebaut werden muss. „Einmal haben wir einen Crashtest gemacht, in dem ein kleines und großes Auto gegeneinander gekracht sind. Der hohe schwere Wagen ist dem kleinen Auto einfach über die Schnauze drübergefahren und hat somit jegliche Knautschzone überwunden", berichtet der Techniker. Der erste Widerstand entstand erst da, wo die Stoßstange gegen die A-Säule stieß – die gezielte Verformung konnte so nicht ihre Wirkung entfalten.

Bei kleinen Autos sollte durch die Konstruktion der Selbstschutz schneller beginnen, die Knautschzone sollte also sehr viel schneller härter werden als bei den großen. Der größere Wagen könnte einen Teil seiner Knautschzone als Partnerschutz „herschenken" und erst später für den Eigenschutz verwenden. Der SUV müsste dann mehr Energie abbauen als der Kleinwagen und würde so seinen Unfall-gegner mitschützen.

 Die Knautschzone hat also nicht nur den Zweck des Eigenschut-zes, sondern es wird gemeinsam Energie abgebaut, sodass bei-de Unfallgegner sich auch gegenseitig schützen.

Hier eine kurze Grafik zur Erklärung der verschiedenen Säulen im Auto:

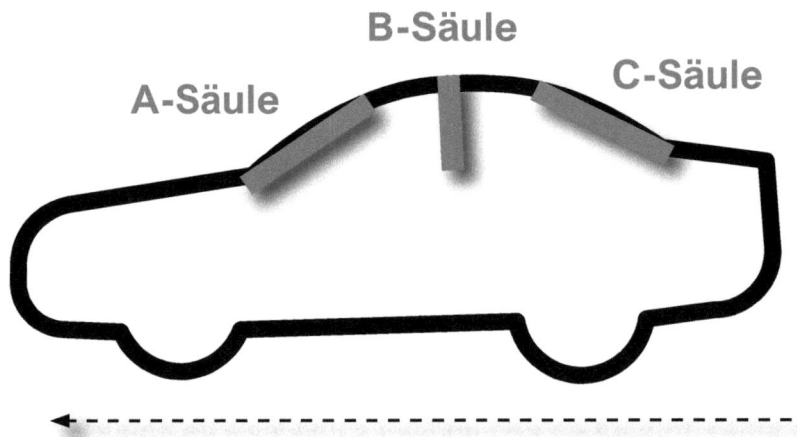

Die Fahrgastzelle ist durch das deformierbare Material in Front und Heck des Autos gut gepolstert. Bei Seitencrashs ist die Situation allerdings ein bisschen anders. „Wir haben Ende der 80er Jahre den ersten Seitencrashtest gemacht und es war eine Katastrophe. Der Rammbock ist ungefähr 40 Zentimeter in die Fahrgastzelle eingedrungen", erzählt Max Lang.

Da die Seiten beim Auto kaum Material für eine Knautschzone bieten, wurde wieder in die gegensätzliche Richtung nach einer Lösung gesucht: Die Seiten mussten steifer werden. Trotz starker Kritik wurden die Schwellen unter der Tür und die A-, B- und C-Säule steifer gemacht. Zusätzlich wurden in den Türen eine Art „Querstreben" eingesetzt. Nach diesen Maßnahmen drang der Rammbock nicht einmal mehr 20 Zentimeter ein.

„Faktum ist: Je steifer die Seiten des Autos, desto mehr Energie wird an den Stoßpartner abgegeben. Das wurde beim Test offensichtlich. Zusätzlich rutscht das Fahrzeug weg, das Auto weicht beim Aufprall also aus, anstatt den Unfallgegner eindringen zu lassen", betont der Crashtest-Experte. Die Belastungswerte auf den Menschen sind daher, entgegen aller Erwartungen, nur marginal gestiegen.

Die Knautschzone kann aber mehr als einfach nur „Puffer" spielen. Es ist ganz genau geplant, wie sich welches Teil im Motorraum bewegt und verformt, damit nichts in den Fahrgastbereich eindringen kann. Motor und Getriebe sind zum Beispiel so gesteuert, dass sich alles nach unten verschiebt und so der Fußraum frei bleibt. Die Pedale bleiben entweder in ihrer Position oder haben Sollbruchstellen, sodass die Beine und Knöchel des Fahrers/der Fahrerin keinen gefährlichen Schlag abbekommen.

Früher sind Lenkräder und Pedale weit in die Fahrgastzelle eingedrungen und das Lenkrad hat sich sogar bis zu 30 Zentimeter Richtung Brustkorb und Kopf bewegt. Heute würde solch eine Verschiebung der Lenkradposition nicht nur den Menschen durch Kontakt mit dem Brustkorb gefährden, sondern auch die Wirkung des Airbags stark verändern.

 Also: Ist die Front eines Wagens nach einem Aufprall vollständig zerfledert, hat die Knautschzone, um es ganz knapp zu sagen, einfach ihren Job gemacht.

DER AIRBAG – LEBENSRETTUNG MIT KNALL

Rasend schnell schlittert das Auto auf den Unfallgegner zu. Man versucht zu bremsen, gegenzulenken, aber es ist zu spät – die Kollision ist nicht mehr zu verhindern. Vielleicht hat man noch Zeit sich zu wappnen, man spannt sich an und wartet auf den unaufhaltsamen donnernden Stoß. Doch was folgt, übertrifft jede Vorstellung. Überall ist Rauch, es riecht verbrannt. Der erwartete Knall ist viel zu laut, geht einem durch Mark und Bein. Erst nach ein paar Schrecksekunden begreift man, was geschehen ist.

„Was beim Unfall selbst passiert ist, weiß ich gar nicht mehr. Nur der Airbag hat sich in meine Erinnerung gebrannt. Der Knall und der Geruch nach Feuer haben mich so erschreckt. Es hat sich angefühlt wie eine Bombe", erzählt eine 73-jährige Niederösterreicherin. Erst im Nachhinein wurde ihr von einem Polizisten erklärt, dass das alles nur vom Airbag kam. „Jeder erzählt über die großartigen Leistungen von Airbags, aber nie hört man etwas über die erschreckenden Nebeneffekte."

Auch der 35-jährige Sebastian beschreibt den Airbag als beängstigend und konnte seine Eindrücke nicht zuordnen: „Es gab einen sehr lauten Knall und einen starken Geruch von Schwarzpulver. Der Rauch raubte mir die Sicht und ich habe gar nicht begriffen, was passiert ist."

Doch wie entstehen diese scheinbar so gefährlichen Nebeneffekte des effektiven Sicherheitssystems?

Sieht man sich die einzelnen Komponenten eines Airbags-Systems und deren Funktion genauer an, wird schnell klar, wo die Ähnlichkeit mit einer Bombe herrührt. Der **Airbag** selbst ist die einzige Komponente, die man auch wirklich zu sehen bekommt – meistens aber auch nur nach seinem Einsatz, bereits erschlafft und nur ein Bruchteil seiner vollen Größe.

Jeder Airbag ist aus Textil, häufig Polyamid-Gewebe, gefertigt und kompakt gefaltet. Hier findet sich auch gleich die Quelle des „Rauches" nach dem Auslösen: Der Airbag ist außen mit einem Puder beschichtet, das bei der Intensität des Aufblasens durch das ganze Fahrzeug fliegt. Der Zweck des Puders ist, die Reibung zu reduzieren, und zwar sowohl im Stoff des Airbags selbst als auch auf der Haut der Insassen. Zusätzlich kommt noch Abgas von der pyrotechnisch angetriebenen Entfaltung des Airbags hinzu, was ebenfalls zur vermeintlichen Rauchbildung beiträgt.

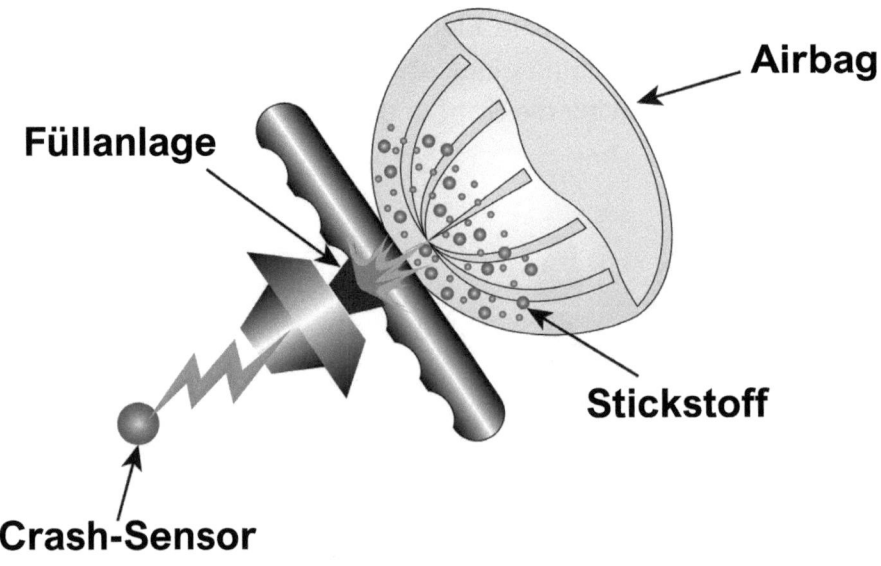

Airbag

Füllanlage

Stickstoff

Crash-Sensor

Ein weiterer wichtiger Teil des Airbag-Systems ist das **Treibmittel**. Je nachdem, wie groß der Airbag ist, gibt es unterschiedliche Möglichkeiten, ihn aufzublasen.

Airbags, die nur ein geringes Volumen haben, werden lediglich mit Kaltgasgeneratoren in Gang gebracht. Hier sprechen wir von Metallkartuschen, die mit CO_2 oder Stickstoff gefüllt sind. Ein Zündhütchen, das sich auf der Kartusche befindet, „öffnet" diese beim Crash und so wird das Gas in den Airbag freigesetzt, bis die Kartusche vollkommen leer ist. Dieser bläst sich dann auf. Diese Technik wird übrigens auch bei Sahnespendern eingesetzt, um flüssige Sahne aufzuschlagen – wir sprechen hier also von keiner Kraft, die einer Explosion gleicht.

Bei den größeren Airbags, die sich etwa im Frontbereich befinden, reicht die Energie des komprimierten Gases nicht mehr aus. Die Airbags dürfen maximal 30 Millisekunden brauchen, um ihre volle Größe zu erreichen, und das wäre mit dieser Antriebsmethode auf keinen Fall möglich.

Also wird hier tatsächlich mit einer kleinen Explosion gearbeitet: Das Gas wird pyrotechnisch erzeugt. In einer Zündpille wird Schwarzpulver gezündet und so die Explosion ausgelöst.

 Durch diese Technik entsteht auch der für Airbags typische verbrannte Geruch – plötzlich scheint die Beschreibung einer Bombe im Auto gar nicht mehr so absurd.

Die dritte Komponente sind die **Crash-Sensoren**. Hier handelt es sich um Trägheitsschalter, die bei einer starken Verzögerung – z.B. wenn durch einen Unfall das Fahrzeug angehalten wird – die Stromversorgung der Kraftstoffpumpe unterbrechen. Es wird also bei einem Crash die Kraftstoffzufuhr vom Tank zum Motor gekappt.

Die Sensoren sind möglichst exponiert, also stark äußeren Einflüssen ausgesetzt und weit außen an der Fahrzeugkarosserie platziert. So können sie ab einer Beschleunigung von 3 bis 5 g auslösen, ohne viel Zeit zu verlieren (g-Kräfte sind Belastungen, die aufgrund einer starken Änderung von Größe oder Geschwindigkeit auf ein Objekt einwirken).

Damit die Sensoren auch wirklich verlässlich reagieren, werden sie redundant verbaut, also immer im Doppelpack. Außerdem haben sie stets eine bestimmte Auslöserichtung, die auf dem Sensor selbst mit einem Pfeil gekennzeichnet ist. So gehen die Airbags nur dann auf, wenn der Aufprall aus einer Richtung kommt, den sie abdecken können.

 Die Sensoren für die Front-Airbags reagieren also nur, wenn die Aufprallrichtung nach vorne oder hinten geht, bei Seitencrashs bleiben sie inaktiv.

Einen weiteren wichtigen Part im Airbag-System spielt das **Steuergerät**. Obwohl dem ganzen System nur wenige Millisekunden blei-

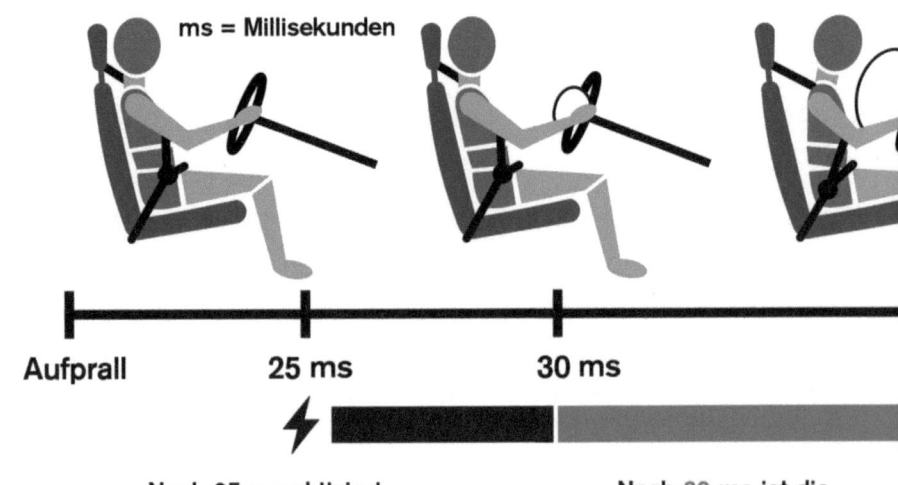

ms = Millisekunden

Aufprall   25 ms   30 ms

Nach 25 ms aktiviert der elektronische Sensor die Zündpille des Fahrermoduls.

Nach 30 ms ist die Abdeckung des Fahrermoduls aufgerissen, der Airbag wird aufgeblasen.

ben, durchläuft das Steuergerät eine Prozedur, die mehrere Parameter prüft, nämlich:

- welcher Airbag ausgelöst werden soll.
- wie schwer der Crash ist auf einer Skala von 0 bis 3.
- wie die Energieversorgung der Zündkreise ist.

Zusätzlich muss das Steuergerät noch eine Eigendiagnose des Airbag-Systems machen können, einen Fehlerspeicher haben, die Airbag-Warnleuchte bei einer Fehlfunktion aktivieren und zu anderen Steuergeräten im Fahrzeug eine Anbindung haben.

Die letzte Komponente des Lebensretters ist der **Safing-Sensor**. Der Zweck dieses Sensors ist es, ein unbeabsichtigtes Auslösen des Airbags zu verhindern. Das kann durch fehlerhafte Bauteile passieren oder wenn mit den Crash-Sensoren etwas nicht passt. Falls also normale Fahrbedingungen herrschen und solch ein Fall auftritt, wird verlässlich die Zündleitung zum Airbag unterbrochen und erst ab einer Belastung von etwa 2 g schließt diese wieder.

Beeindruckend, was in den wenigen Millisekunden passiert, um mit technischen Mitteln unsere Fahrt sicherer zu machen.

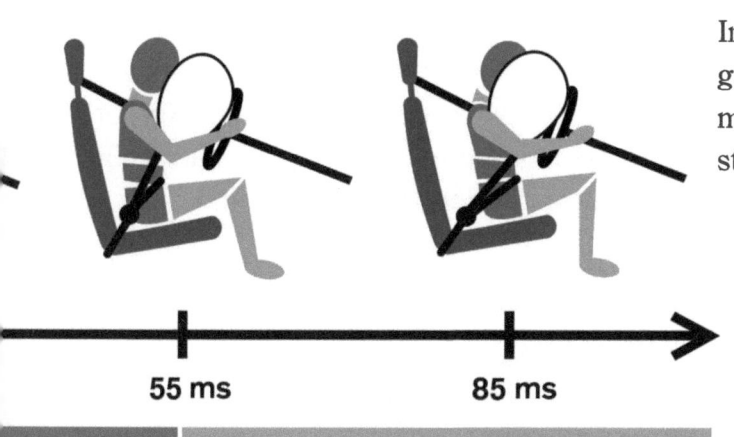

In dieser Grafik ist der ganze Ablauf nochmals bildhaft dargestellt.

55 ms   **85 ms**

Nach 55 ms ist der Fahrerairbag vollständig aufgeblasen und der Fahrer taucht ein.

Nach 85 ms ist der Fahrer maximal in den Airbag eingetaucht und bewegt sich wieder vom Lenkrad weg.

Doch wo werden eigentlich überall Airbags verbaut? Am häufigsten sind in PKWs Fahrer- und Beifahrerairbag sowie Seitenairbags zu finden. Sie variieren in der Größe und schützen unterschiedliche Bereiche des menschlichen Körpers.

Es gibt den allbekannten Fahrerairbag, der aus dem Lenkrad springt und bei vielen Erfahrungsberichten von Unfallopfern den prägendsten Eindruck hinterlassen hat. Außerdem den Beifahrerairbag, der aus dem Armaturenbrett kommt.

Zusätzlich werden Seitenairbags bei einem Unfall aktiv: einer, der auf die Brust wirkt, seltener auch ein weiterer Airbag für das Becken. Häufig ist in neueren Wägen auch ein Kopfairbag zu finden, der wie ein Vorhang aus dem Dach herauskommt und sich von der A- bis zur C-Säule, also über beide Türen, ausbreitet. Dieser sorgt dafür, dass der Kopf nicht gegen die Seitenscheiben oder die B-Säule schlägt. Der Kopfairbag schützt auch die anderen Insassen mit, da er über die ganze Länge des Autos geht. Die Belastung auf den Kopf durch den Lebensretter ist marginal, auch wenn das Ganze ein wenig brutal klingt.

Immer öfter wird zudem ein Mittelairbag verbaut, der den Sinn hat, dass die Köpfe von Beifahrer und Fahrer nicht aneinanderstoßen. Aber auch wenn man alleine im Auto sitzt, hat dieser Airbag eine wichtige Funktion. Ist das Auto schmal und der Stoß stark genug, fängt den Fahrer seitlich nichts ab, da der Gurt den Körper nur frontal hält. Der Kopf würde ungebremst gegen die Beifahrertür schlagen, doch der Mittelairbag verhindert diese Kollision.

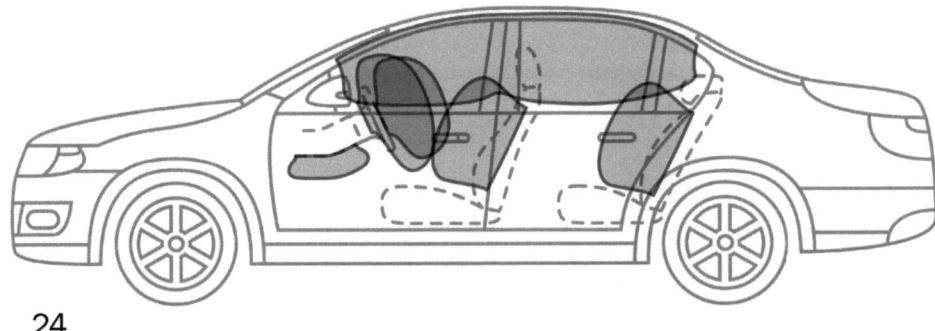

Der Airbag stellt trotz seiner lebensrettenden Wirkung für viele eine mentale Belastung dar. Aber auch der Körper kann Schäden davontragen. Wichtig zu wissen ist, dass diese ohne Airbag sicherlich deutlich schlimmer ausfallen würden.

„Im ersten Moment glaubte ich völlig unbeschadet davongekommen zu sein. Nach ein paar Stunden bemerkte ich Schmerzen in den Rippen und meine Handgelenke waren verbrannt", erzählt ein 25-jähriger Niederösterreicher. Den lauten Knall konnte er beim Unfall nicht zuordnen, der verbrannte Geruch blieb ihm hingegen im Gedächtnis.

Die frühen Airbag-Systeme lieferten leider oft Anlass zur Sorge. Damals gab es noch **Fehlauslösungen** der Airbags, auf die Weise wurden manchmal auch Ersthelfer nach Unfällen verletzt. Die Bags waren zudem größer, was sie bei einem unabsichtlichen Einsatz umso gefährlicher gemacht hat. Lebensgefährliche Verletzungen gab es aber auch zu der Zeit nur wenige.

Mittlerweile hat sich die Gefahr, durch einen Airbag verletzt zu werden, stark reduziert, und die Fahrzeughersteller konnten den bestehenden Problemen erfolgreich entgegenwirken. Es werden nun etwa vermehrt kompaktere Airbags in höherer Stückzahl verbaut. Große Airbags im Auto werden oft gestuft ausgelöst. Dabei werden nur so viele Bags aufgeblasen, wie im Moment des Unfalls für die Erhaltung der Sicherheit notwendig sind. Sensorik und Steuergeräte wurden verlässlicher. Komponenten wie der **Safing-Sensor** haben das Risiko einer Fehlzündung signifikant gesenkt.

 Trotz aller Optimierungen sollte man sich den Airbag nicht als weiches Polster vorstellen.

Auch wenn es auf Slowmotion-Videos nach sanfter Rettung aussieht – ein so schnell und effektiv aufgeblasener Stoffballon kann kaum eine gemütliche Landung versprechen.

Bei einem Crash werden die Insassen mit viel Kraft nach vorne geschleudert. Die passiven Sicherheitssysteme sollen genau das so gut wie möglich verhindern.

Durch die Knautschzone wird die Energieeinwirkung auf den Körper gemindert und der Gurt hält die Insassen in Position. Der Airbag hat die Aufgabe, die restlichen Körperteile – wie zum Beispiel den Kopf –, die nicht durch den Gurt gehalten werden, aufzufangen. Weil der Körper blitzschnell nach vorne fliegt, muss der Airbag genauso rasant und aggressiv aufgeblasen werden.

Wir erinnern uns: In wenigen Millisekunden muss die volle Größe erlangt werden. Bei solch einer Geschwindigkeit kann sich das Airbag-Polster wie ein harter Aufprall anfühlen, was natürlich nicht selten zusätzliche Verletzungen wie etwa Prellungen an den Armen verursachen kann.

Mit dem physischen Stoß ist es aber noch nicht vorbei. Durch die Chemikalien, die beim Aufblasen freigesetzt werden, können auch die Augen gereizt reagieren. Die Verbrennungen, die der 25-jährige Niederösterreicher erwähnt hat, entstehen durch die Reibung des Airbags auf der Haut, die durch die schlagartige Entfaltung selbst mit der schon erwähnten Pulverbeschichtung kaum zu verhindern ist.

Aber auch eine falsche **Sitzhaltung** kann zu größeren Verletzungen führen. „Grundsätzlich sollte man so weit weg vom Airbag sitzen wie möglich, das ist aber bei kleinen Personen natürlich schwierig", betont Max Lang.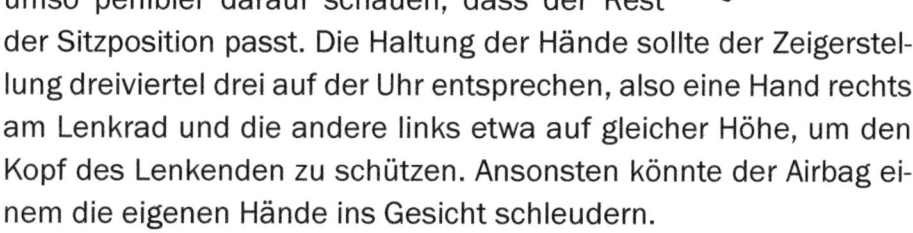

Wenn Abstand nicht möglich ist, sollte man umso penibler darauf schauen, dass der Rest der Sitzposition passt. Die Haltung der Hände sollte der Zeigerstellung dreiviertel drei auf der Uhr entsprechen, also eine Hand rechts am Lenkrad und die andere links etwa auf gleicher Höhe, um den Kopf des Lenkenden zu schützen. Ansonsten könnte der Airbag einem die eigenen Hände ins Gesicht schleudern.

Wichtig ist außerdem, von außen aufs Lenkrad zu greifen. Die Arme sind sonst zu nah aneinander und der Airbag würde umso mehr an den Unterarmen reiben.

Auch sollte man unbedingt darauf achten, niemals die Daumen einzuhängen. Geht der Airbag auf, sind die Daumen im Weg und werden sonst mit hoher Wahrscheinlichkeit gebrochen.

Problematisch sind die Hände zudem in der Mitte des Lenkrads, denn auch hier landen sie beim Auslösen des Airbags im Gesicht des Fahrers.

 Trägt man dann vielleicht noch Schmuck an den Händen, steigt die Verletzungsgefahr zusätzlich.

Besonders anfällig für eine falsche Sitzposition ist der **Beifahrer**. Der Fahrer sitzt durch seine Fahrtätigkeit meist halbwegs korrekt. Beifahrer aber können die Füße auf dem Armaturenbrett ablegen oder sich zu weit zurücklehnen. Eine aufrechte Position und eine richtig eingestellte Kopfstütze sind, auch wenn man nicht selbst fährt, essenziell – was bedeutet, auch wenn es fern von der Realität ist, dass man auch als Beifahrerin oder Beifahrer im Auto nicht schlafen sollte.

Auch die **Ohren** haben durch den aufplatzenden Airbag viel mitzumachen. 170 Dezibel laut ist das rettende Polster. Das entspricht ungefähr einem Silvesterböller, der nahe am Ohr explodiert.

„Tatsächlich wurde durch den Airbag der Begriff ‚Knalltrauma' allgemein bekannt, eine Schädigung des Innenohrs, die durch einen sehr hohen und nur kurz aufkommenden Schalldruck entsteht", erzählt Steffan Kerbl.

Das Hauptproblem ist gar nicht so sehr der Lärmpegel, auch wenn dieser den meisten in Erinnerung bleibt, sondern der durch die Explosion rasend schnelle **Druckanstieg** im Fahrzeug. Dieser ist zwar durch den Wechsel von einem großen zu mehreren kleinen Airbags gebessert worden, der Knall ist leider trotzdem nicht zu verhindern.

Ein paar vermeintliche Verletzungsgefahren, die angeblich durch Airbags bestehen, sind tatsächlich Märchen:

 Beispielsweise kann man auf keinen Fall durch den Airbag ersticken, er hat auf der abgewandten Seite Öffnungen, wo das Gas sofort entweicht. Somit ist der Airbag viel zu schnell schlaff, um zur Erstickungsgefahr zu werden.

 Auch Brillenträger müssen sich keine Sorgen machen, dazu wurden zahlreiche Tests gemacht. Bei einem Test von ungefähr zehn Brillen, erzählt Max Lang, wurde gerade mal die Nasenauflage verbogen, was nur zu stärkeren Abdrücken im Gesicht führte. Die Gläser zerbrechen auch nicht, sondern fallen einfach nur aus dem Rahmen. Das liegt vermutlich daran, dass der Airbag eine große leicht gewölbte Fläche ist. Die Wahrscheinlichkeit, dass eine Fläche eine andere Fläche – in diesem Fall die Brillengläser – zerstört, ist sehr gering.

Kinder

Während der Airbag für Erwachsene einen wichtigen, eigentlich sogar unverzichtbaren Teil der passiven Sicherheit darstellt, kann er für unsere kleineren Mitfahrer und Mitfahrerinnen zu einer echten **Gefahr** werden.

 Sitzt das Kind vorne, muss der Airbag unbedingt deaktiviert werden, da es sonst zu schweren Verletzungen kommen kann!

„Hierbei sollte man aber nicht vergessen, dass der Airbag für Erwachsene essenziell ist und vor schlimmen Verletzungen bewahrt. Also ist es sinnvoller, die Kinder nach hinten zu setzen und den Beifahrersitz für etwaige erwachsene Personen zu reservieren", betont Max Lang im Experteninterview. Die vorderen Gurte sind auch besser an den erwachsenen Körper angepasst – ein weiterer Grund für die Platzierung eines Kindes auf der Rückbank.

Nicht nur Kinder, sondern auch Babys können im hinteren Sitzbereich sicher mitfahren. Eine richtig montierte Babyschale schützt hinten genauso gut wie vorne, außerdem werden Fahrerin oder Fahrer weniger abgelenkt. Immer wieder passieren Unfälle, weil die Aufmerksamkeit auf dem Kind statt auf der Straße ist. Ein häufiges Gegenargument der Eltern ist der erschwerte Blick auf den Nachwuchs – sitzt das Kind hinten, muss man sich umdrehen, um Kontakt aufzunehmen. Allerdings besteht die Möglichkeit, über den Rückspiegel oder einen besonderen zweiten Spiegel für den Kindersitz zu beobachten, was hinten passiert.

Ein weiterer Sicherheitsfaktor: Das Kind ist bei einem Frontalunfall weiter weg von der Knautschzone.

DER GURT – UNVERZICHTBARER HALTER

Ohne den **Gurt** wären sowohl Airbag als auch Knautschzone machtlos. Der straffe Gurt bremst und fängt die Hauptenergie ab, bevor der Körper überhaupt auf den Airbag treffen kann. Der Airbag könnte bei einem ungebremsten Aufprall sogar platzen und somit seine Wirkung vollkommen verfehlen.

Anfangs wurde die Kombination von Airbag und Gurt als unnötig empfunden, besonders bei angeblich „niedrigen" Geschwindigkeiten wie etwa 50 km/h in der Stadt.

Daraufhin wurde ausgetestet, wie groß die Rolle des Gurtes tatsächlich ist. Bei den folgenden Tests wurde nicht nur die erwähnte Gefahr des platzenden Beifahrerairbags festgestellt, die verheerende Folgen haben kann. Zur Gurtwirkung wurde außerdem klar:

 Ohne Gurt fällt man ungebremst nach vorne und stürzt mit dem Kopf durch die Windschutzscheibe. Mit ein wenig Glück im Unglück bleibt man stecken, allerdings fliegt man eher vollständig aus dem Fahrzeug.

Auch könnten eine unangeschnallte Fahrerin oder ein unangeschnallter Fahrer den Airbag wegdrücken und so ungeschützt auf das Lenkrad knallen. Verbiegungen des Lenkrads bis zu 10 Zentimeter nach unten sprechen von der Kraftwirkung und Brüche des Brustbeins sind dann zu erwarten.

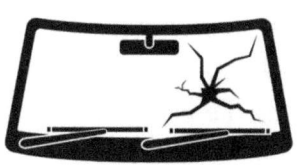 In weiterer Folge steht der Fahrerairbag bei der Windschutzscheibe an und der Mensch kracht über den Airbag gegen den Windschutzscheibenrahmen – massive Hirnschäden und Schädeltraumata sind die Folge.

Bei einer starken Verzögerung sorgt der **Gurtstraffer** dafür, dass der Gurt eng am Körper anliegt und den Menschen zurückhält. Doch der Gurt fixiert den Körper nicht so fest, wie es den Anschein hat. Bevor die Belastung zu sehr auf die Brust einwirkt, gibt der Gurtkraftbegrenzer ein paar Millimeter nach und so fällt die Brustbelastung deutlich ab.

Der **Gurtkraftbegrenzer** sorgt dafür, dass das Risiko für Rippenbrüche oder andere Verletzungen an der Brust deutlich gesenkt wird. Dieses System wurde eingeführt, nachdem die hohe Belastung

durch den Gurt bei Tests erkannt wurde und auch klar war, dass der Schutz trotz der freigegebenen Millimeter ausreicht. Die Energie eines Aufpralls wurde bis zum Zeitpunkt der nachlassenden Gurtkraft nämlich schon ausreichend abgefangen. Besonders bei älteren Menschen mit poröseren Knochen ist das ein sehr wichtiger Faktor, da eine große Belastung hier schnell zu schweren inneren Verletzungen führen kann.

Trotz oder eigentlich dank Knautschzone, Airbag und Gurt trug der schon erwähnte 25-jährige Niederösterreicher neben den durch den Airbag verbrannten Handgelenken (nur) leichte Verletzungen davon: Prellungen, Verstauchungen und verschobene Wirbel.

Trotzdem: Auch wenn die Sitzposition stimmt, alle Systeme funktionieren, man angeschnallt und körperlich völlig gesund ist – manchmal kommen die passiven Sicherheitssysteme nicht gegen die Umstände an.

AUSSERHALB DES DURCHSCHNITTS

Die passive und aktive Sicherheit wird stetig verbessert und immer mehr Komponenten werden zu einem fixen Bestandteil im Sicherheitssystem Auto. Doch ein Grundproblem wurde bis jetzt noch nicht ausreichend berücksichtigt: der Schutz der Menschen außerhalb des Durchschnitts.

Denn die Sicherheitssysteme sind nur für eine konkrete menschliche Figur ideal: der 50-Prozent-Mann. Das ist die **statistisch gesehen häufigste männliche Körperstatur**, die auch noch lange kein hohes Alter erreicht hat. Vor ein paar Jahren war das noch sinnvoll. In der Entscheidung, möglichst viele zu schützen, musste das Auto in einer Form konstruiert werden. Heute wäre es aber möglich, das Auto an verschiedene Nutzer anzupassen.

Der Crashtestexperte Max Lang setzt sich energisch für die Einführung **adaptiver Rückhaltesysteme** ein. „Es gibt schon die notwendige Technik, um das in die Realität umsetzen zu können. Beispielsweise existieren bereits Sensoren, die das Gewicht feststellen können, und es kann über die Gurtlänge und die Position des Sitzes auf der Sitzschiene auch die Größe festgestellt werden. Je nachdem, wie weit der Gurt ausgezogen ist, kann man auch bemessen, ob die Person dicker oder dünner ist."

Mit Erkenntnissen wie diesen könnte das Auto den Airbag anders ausfahren lassen, also die Stärke und Geschwindigkeit variieren. Zusätzlich gibt es auch beim Gurtstraffer und beim Gurtstraffbegrenzer Möglichkeiten, die Stärke anzupassen und so jede Insassin und jeden Insassen gleich effektiv zu schützen.

In klassischen Rückhaltesystemen sieht das anders aus: Bei schwangeren Frauen oder fülligeren Menschen sitzt der Gurt meistens falsch, weil dieser durch den Bauch runtergedrückt wird und der Druck des zurückhaltenden Gurts nicht wie geplant auf den Hüftbereich geht, sondern in die ungeschützten Bereiche unterhalb des Beckens.

Auch die Kopfstützen sind nicht für jeden gleich hilfreich. Anfangs waren die Kopfstützen oft nur sehr niedrig einstellbar, denn eine weit herausgezogene Kopfstütze musste umso stärker in den Sitz verankert werden. Durch eine schlechte Verankerung wurde der Halt schwächer und der Kopf nicht gut genug gestützt.

 Bei einem Heckcrash wandert der Kopf immer nach oben, daher kann eine falsch eingestellte Kopfstütze schnell eine verheerende Wirkung haben.

Tatsächlich wurden bereits die vom Experten beschriebenen adaptiven Rückhaltesysteme getestet, mit dem Ziel aufzuzeigen, dass es nur für eine durchschnittliche Personengruppe eine optimale Sicherheit gibt. Denn je mehr man von diesem „Durchschnittsmenschen" abweicht, desto schlechter ist man tatsächlich gesichert.

Der vergleichende Test zwischen klassischen und individualisierbaren **Sicherheitssystemen** sollte einen Anstoß Richtung Autoindustrie geben, um die schon vorhandenen Möglichkeiten auch endlich einzusetzen.

Max Lang sieht dieses Ziel aber noch nicht in unmittelbarer Reichweite. „Der Einzeltest alleine wird nichts ändern, die Leistung adaptiver Systeme muss eine Kategorie beim Crashtest werden. Wenn das **Euro NCAP** [Anm.: European New Car Assessment Programme, ein Programm zur Erhöhung der Sicherheit in der Automobilindustrie] damit anfängt und Punkte für adaptive Rückhaltesysteme vergeben werden, dann wird sich da auch etwas tun." Solche Tests müssten demnach nicht mit ganzen Autos durchgeführt werden. Ein simplerer und billigerer Schlittentest wäre schon eine ausreichende Testumgebung. „Es kann nicht sein, dass alles nur auf einen Durchschnitt eingestellt ist, obwohl man es schon längst besser machen könnte. Die Sensoren und die technischen Möglichkeiten müssen genutzt werden."

Auch bei den schon erwähnten Kopfstützen begann die Veränderung beim Euro NCAP. Es wurde zum Kriterium bei den Tests, dass die Kopfstützen und Sitze auch große Menschen gut sichern müssen. In der Folge wurde dieses Kriterium von der Autoindustrie übernommen.

Auf die gleiche Weise ist der **Notbremsassistent** beim Zurückfahren entstanden: Als der Autoindustrie vom Euro NCAP nahegelegt wurde, ein Notbremssystem für das Zurückfahren einzubauen, war das kein Problem. Die Sensoren, die die Abstände mit einem Piepsen signalisierten, waren ja bereits lange eingebaut, es fehlte nur eine Verbindung zum Bremssystem.

Diesen Weg könnte man bei den adaptiven Rückhaltesystemen auch verfolgen. Max Lang meint dazu: „In einem ‚worst-case-Szenario' kann ein adaptives System vor dem Schlimmsten retten – daher muss es in die Richtung weitergehen. Wir haben in den letzten 25 Jahren sehr viel an aktiver Sicherheit in die Autos gebracht und die passive Sicherheit ebenso stark verbessert. Das heißt, diese neuen Schritte sind auf einem sehr hohen Niveau. Aber wenn man sie gehen kann, dann sollen sie auch gegangen werden."

Viele stellen sich vielleicht die Frage, ob man diese körperlichen „Nachteile" auch ohne verbaute adaptive Rückhaltesysteme irgendwie ausgleichen könnte. Die Antwort ist hier ziemlich ernüchternd: Man ist der vorgefertigten Konstruktion im Auto eigentlich ausgeliefert.

Bis zu einem gewissen Grad kann man kompensieren, aber man bewirkt leider nur eine marginale Veränderung. Sitzen große Menschen zum Beispiel lieber näher am Lenkrad, weil sie die Arme gerne sehr angewinkelt haben, können sie den zu großen Abstand ein wenig „ausgleichen". Beleibte Personen, die tendenziell nach hinten gelehnt sitzen aufgrund des mangelnden Platzes, können sich etwa um eine korrekte Sitzhaltung bemühen – aber auch hier bleibt das Grundproblem bestehen.

RICHTIG SITZEN

Adaptive Systeme hin oder her – auf die richtige Sitzhaltung kommt es ebenso an. Aber wie sieht so eine **„korrekte Sitzposition"** eigentlich aus? Die folgende Grafik gibt darüber Auskunft.

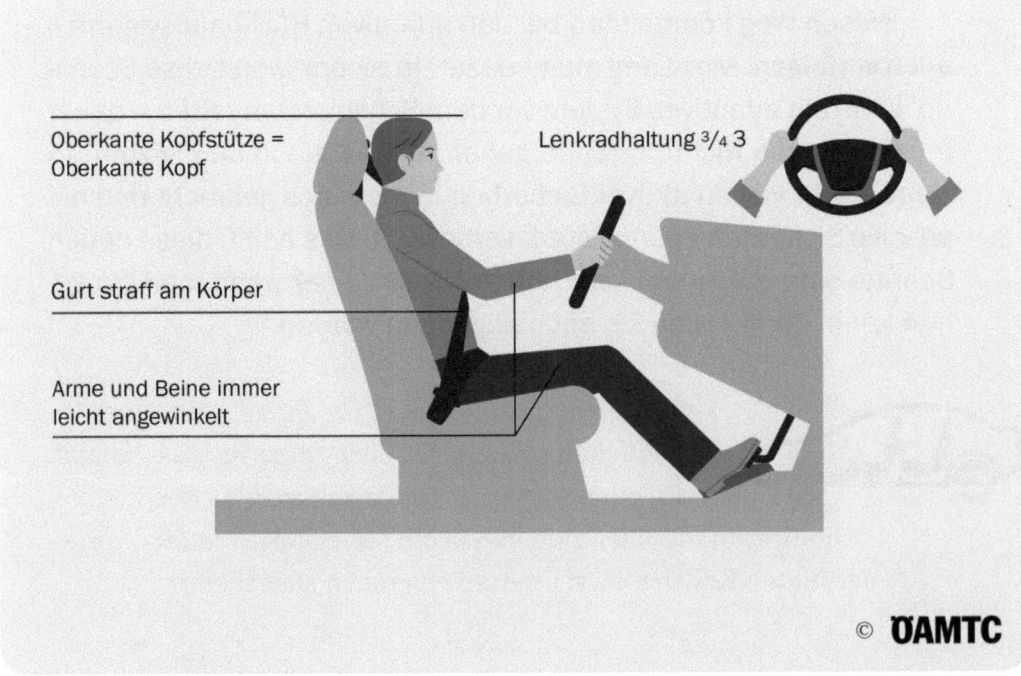

Oberkante Kopfstütze = Oberkante Kopf

Lenkradhaltung ³/₄ 3

Gurt straff am Körper

Arme und Beine immer leicht angewinkelt

© ÖAMTC

Hatten Sie vielleicht schon einmal die Situation, dass sich jemand im Auto nicht anschnallen wollte? Hat man es hier mit anderen Erwachsenen zu tun, glaubt mancher vielleicht, dass jeder selbst entscheiden kann, inwieweit er oder sie sich freiwillig in Gefahr bringt.

 Allerdings denken nur die Wenigsten daran, dass nicht angeschnallte Personen auch eine Gefahr für die anderen Mitfahrenden darstellen.

Die **Sitzkonstruktion** hält keine großen Belastungen aus, während der Gurt aber zu 100 Prozent den Menschen im Sitz hält. Ist also die fahrende Person angeschnallt und die Person hinter dem Fahrersitz nicht, entsteht bei einem Unfall folgende Situation:

Wiegt die Person am Rücksitz 70 kg und fährt das Auto etwa 50 km/h, wird die hintere Person bei einem Auffahrunfall mit 30 g gegen den Fahrersitz geschleudert. Das bedeutet umgerechnet ungefähr zwei Tonnen Gewicht, die gegen die Rückenlehne der Fahrerin oder des Fahrers krachen. Der Sitz gibt bei so einer großen Belastung nach und die Person vorne wird zwischen dem Menschen hinter ihr und dem Gurt, der natürlich hält, eingequetscht.

Daraus können Rippenbrüche folgen, im schlimmsten Fall wird die Lunge durch eine Rippe beschädigt. Und da reden wir nur von einer normalgewichtigen Person. Je schwerer die unangeschnallte Person auf der Rücksitzbank ist und je größer die Geschwindigkeit, desto verheerender die Auswirkungen.

Auch die Kopfstütze büßt viel von ihrer Funktion ein: Knallt der Mensch am Fahrersitz mit dem Hinterkopf dagegen und derjenige auf der Rückbank mit dem vorderen Teil des Kopfes, ist das bei so einer Kraft, als würden die beiden Köpfe mit nur ein bisschen Schaumdämpfung dazwischen fast direkt aneinanderkrachen.

Es geht also nicht nur um das Recht zur Selbstbestimmung, sondern um das Leben der in der vorderen Reihe sitzenden Personen.

 Man gefährdet unangeschnallt nicht nur sich selbst, sondern auch die anderen Menschen im Auto. Dessen sollten sich alle bewusst sein, die leichtfertig auf den Gurt verzichten.

CRASHTESTS: DIE ABSCHLUSSPRÜFUNG FÜR AUTOS

Um die für uns so selbstverständliche Sicherheit in den Fahrzeugen zu gewährleisten, wird ständig jeder Autotyp, der auf den Markt kommt, getestet.

 Die verpflichtenden **Tests**, die von der EU vorgeschrieben sind, bieten allerdings wenige Erkenntnisse über die tatsächliche Qualität eines Autos. Es gibt zwar Vorschriften in diesen Tests, die eingehalten werden müssen, aber die Ansprüche sind niedrig.

Für die Zulassung werden etwa nur ein Front- und ein Seitencrashtest gemacht. In diesen beiden Tests werden außerdem weniger Faktoren bewertet und in die Bewertung miteinbezogen als im Euro NCAP. Zusätzlich wird mit einer geringeren Geschwindigkeit gefahren.

Der ÖAMTC testet hingegen mit dem Euro NCAP, was eine deutlich genauere Überprüfung darstellt als die vorgeschriebenen Standardtests und somit auch deutlich schwieriger mit einer guten Bewertung zu absolvieren ist. Das Euro NCAP wurde 1997 eingeführt, aufgrund der zu dieser Zeit sehr mangelhaften Fahrzeugsicherheit.

Auch in den USA, Asien und Australien wird unter Beteiligung von Automobilclubs auf diese Weise getestet, allerdings sind die Schwerpunkte ein bisschen anders und die Bezeichnungen unterscheiden sich (in Amerika ist es z.B. das US NCAP). Zwischen den Programmen herrscht ein reger Austausch, da durch die unterschiedlichen Testschwerpunkte unterschiedliche Erkenntnisse gewonnen werden. So können die Tests laufend erweitert und verbessert werden.

Doch weshalb sollten sich die Autohersteller bewusst einer härteren Prüfung unterziehen? „Beim Euro NCAP mit einer hohen Bewertung abzuschneiden, ist vor allem gute Werbung. Die Fahrzeuge werden dadurch aufgewertet und ein gutes Ergebnis zeugt von Qualität", erzählt Max Lang, der neben seiner Tätigkeit als Cheftechniker Crashtestexperte war und auch heute noch ist.

Nach den Euro NCAP-Tests richtet sich auch die Autoindustrie. Mängel werden zum Anlass genommen, die eigenen Produkte zu verbessern.

Die Tests beim **Euro NCAP** werden in vier Kategorien eingeteilt:

- Erwachsenensicherheit
- Kindersicherheit
- Schutz für Fußgänger und Radfahrer
- Assistenzsysteme

Euro NCAP
Bewertungsschema (2020)

	Erwachsene Insassen	Kinder	Ungeschützte Verkehrsteilnehmer	Sicherheitsassistenten	Insgesamt
maximale Punkte	38	49	54	16	157
Gewichtung	0,4	0,2	0,2	0,2	
★★★★★	80 %	80 %	60 %	70 %	74 %
★★★★☆	70 %	70 %	50 %	60 %	64 %
★★★☆☆	60 %	60 %	40 %	50 %	54 %
★★☆☆☆	50 %	50 %	30 %	40 %	44 %
★☆☆☆☆	40 %	40 %	20 %	30 %	34 %

© ÖAMTC

Der in jeder Kategorie erreichte Prozentsatz ergibt eine Sternean-zahl in dieser Kategorie. Die Kategorie, die die schlechteste Be-wertung hat, bestimmt die Gesamtwertung. Ist also etwa in der Kindersicherheit das Auto fünf Sterne stark, aber bei den Assistenz-systemen nur drei, ist die Gesamtwertung drei Sterne.

Es wird bei jedem Modell die billigste Serienausstattung in Eu-ropa getestet und bewertet, denn das Ziel ist, dass alle Autos auch in der günstigsten Ausstattung sicher sind. Dadurch sind auch bei Kleinwägen und Billigautos viele Sicherheitssysteme Standard ge-worden.

 Bei einem Crashtest spielen unglaublich viele Faktoren mit, die das Ergebnis bestimmen – zu viele, um sie alle einzeln zu be-handeln. Max Lang ermöglicht uns aber, einen Blick hinter die Kulissen der Teststationen zu werfen.

Passive Sicherheitssysteme

Besonders bei den Tests für die passive Sicherheit, also **Airbag**, **Knautschzone**, **Sitze** und **Gurt**, werden kaum Kosten und Mühen gescheut. Die Kosten eines Euro NCAP-Tests belaufen sich auf un-gefähr 500.000 Euro. Es werden mehrere Tests mit unterschiedli-chen Situationen und Dummys gemacht, vier Autos werden dabei zerstört. Die konkreten Tests brauchen sehr viel Vorbereitung und bevor die tatsächlichen Crashs passieren, ist stundenlange Arbeit vonnöten.

Die Vorbereitungen für die Crashtests haben es in sich. Sie sind der zeitaufwändigste Part beim Testen der passiven Sicherheit – bereits 24 Stunden vor Testbeginn wird schon gearbeitet und es wird alles dokumentiert, jeder Handgriff und jeder Schritt. In die per Zufall ausgewählten Autos werden zahlreiche Sensoren eingeschraubt, das Auto ist also schon vor dem Crash ein wenig „ramponiert". Neben den vier PKWs stehen auch einige zusätzliche Ersatzteile bereit. Im Innenraum der Autos werden am Dach Kameras montiert, und auch von außen wird mit einer Menge Kameras gefilmt. Es darf nichts ungesehen bleiben, daher wird ein Crashtest aus jedem Blickwinkel verfolgt.

Vor dem Crash muss das Auto wie vorgeschrieben ausgerichtet werden, denn die Sitzposition der Dummys ist genau vorgegeben. Das muss deshalb so exakt passieren, damit die Tests in jedem Detail nachvollziehbar und auch eins zu eins wiederholbar sind. Die unterschiedlichen Tests haben alle ein konkretes Ziel und bestimmte Regeln, welche Punkte erfüllt werden müssen.

Wir werfen nun einen genauen Blick auf jeden dieser Tests, die uns zu sicheren Fahrzeugen verhelfen.

Bewegt werden die Autos entweder mithilfe einer Kette, die um den Querlenker gelegt wird, oder mit einem Schlitten. Mit der Kette wird das Auto bei beiden Frontcrashs in der entsprechenden Position und Geschwindigkeit gegen das Hindernis gezogen. Der Schlitten wird bei einem der Seitencrashs gebraucht, nämlich beim Pole Test.

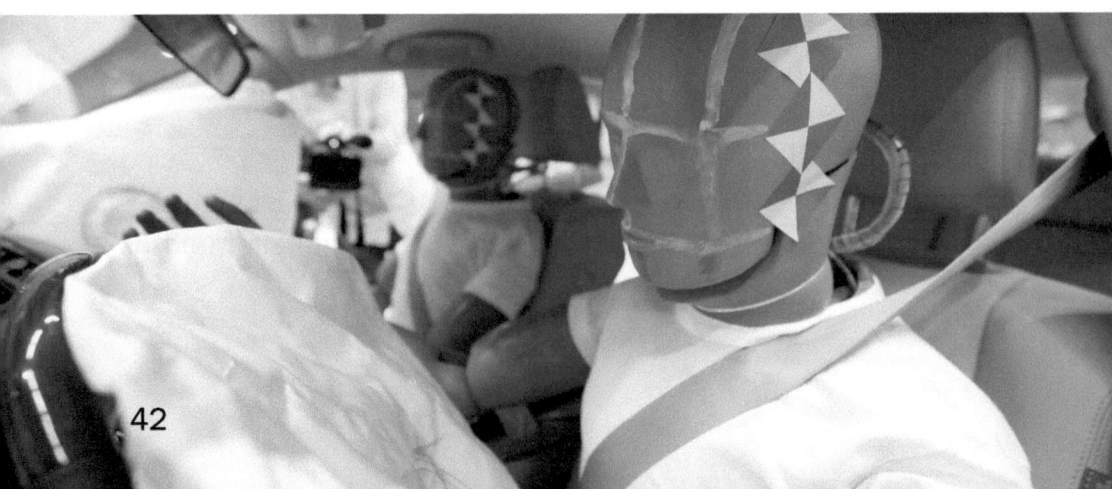

1. Frontalcrash mit simulierter Ausweichbewegung des Unfallgegners

Der Wagen wird mit 50 km/h gegen einen bewegten Rammbock „gefahren". Dieser wiegt 1.400 Kilogramm und ist deformierbar, stellt also ein anderes Fahrzeug nach. Man kann sagen, der Rammbock hat gewissermaßen ebenfalls eine Knautschzone.

Außerdem ist das Hindernis bewegt – das heißt, es kommt dem getesteten Auto, ebenfalls durch eine Kette gezogen, entgegen, und zwar ebenfalls mit einer Geschwindigkeit von 50 km/h.

Die gezielte Kollision geschieht mit **50 Prozent Überdeckung** beim Testfahrzeug, also so, als ob das gegnerische Fahrzeug „ausweichen" würde. Das bedeutet, dass nur die Hälfte der Vorderfront mit dem gegnerischen Objekt in Berührung kommt.

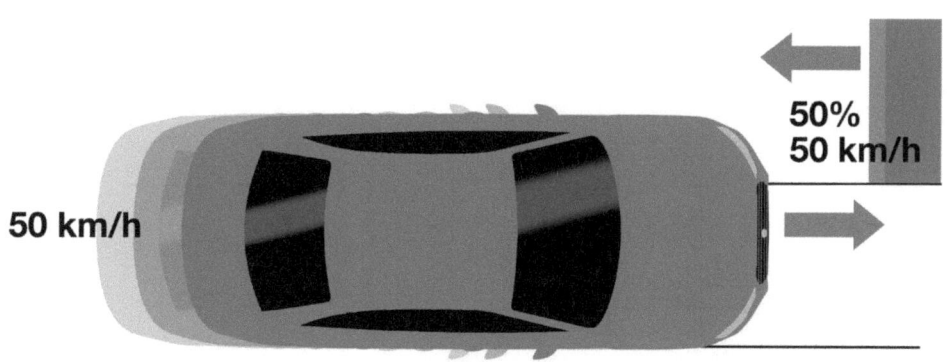

50 km/h

50%
50 km/h

2. Frontalcrash mit einem festen Objekt

Beim zweiten Frontalcrash wird das Auto ebenfalls mit 50 km/h gegen ein Hindernis gefahren. Allerdings mit **voller Überdeckung**. Der Wagen fährt dabei einfach geradeaus gegen eine Wand. Diese ist mehrere Tonnen schwer, reicht meterweit in den Boden und ist weder verrückbar noch deformierbar. Hier wird das ganze Fahrzeug auf eine stärkere Verzögerung getestet, um zu erkennen, ob die Sitzschienen halten, ob der Gurt hält und wie die Airbags reagieren.

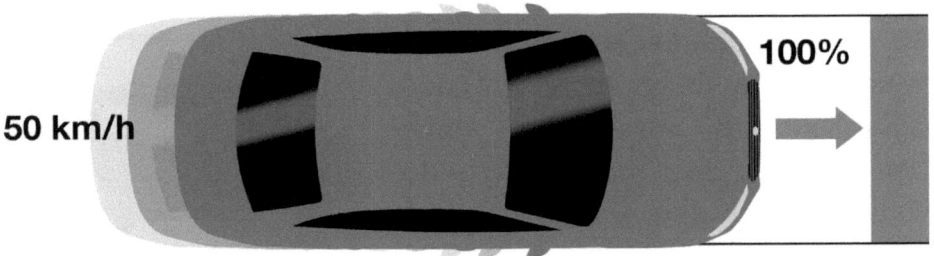

50 km/h

100%

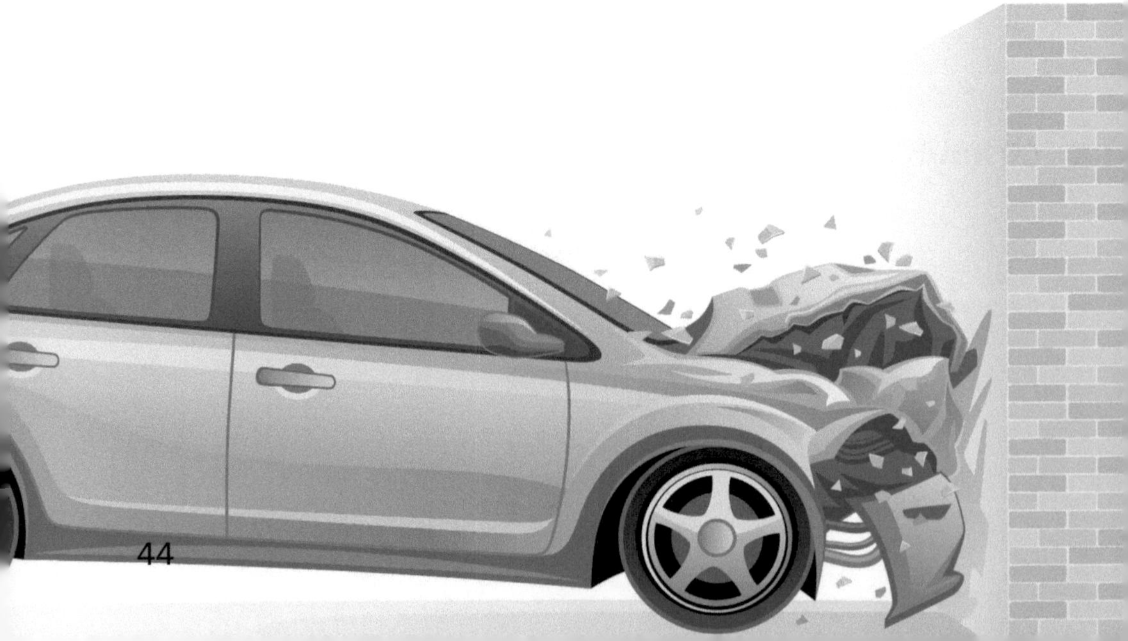

Seitencrash

Bei diesem Test steht das Auto und wird von einem **seitlichen Hindernis** getroffen. Der Rammbock ist der gleiche wie beim ersten Frontcrash, 1.400 Kilogramm schwer und mit einer „Knautschzone" ausgestattet.

Der Rammbock knallt mit 60 km/h auf der Fahrerseite in das stehende Auto hinein. Auf Fahrersitz und Beifahrersitz befindet sich je ein Erwachsenen-Dummy, auf den Rücksitzen sitzen zwei Kinder-Dummys.

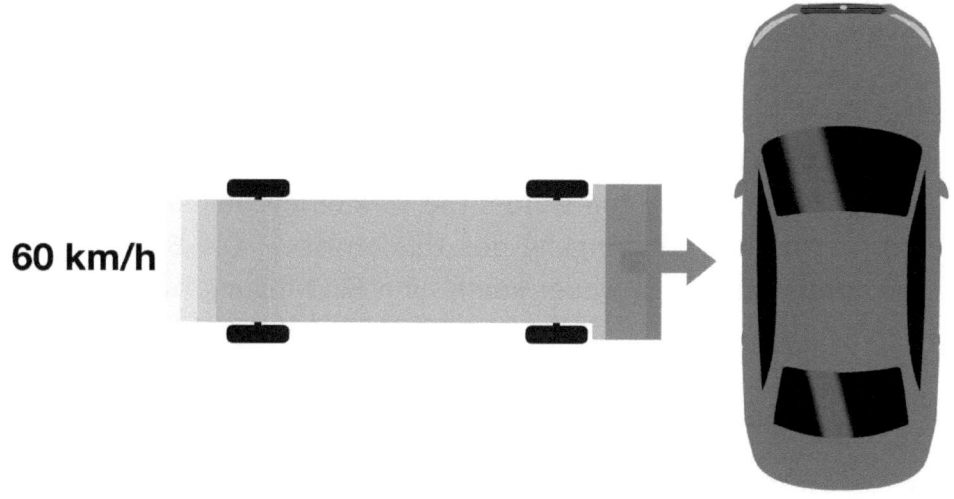

60 km/h

© Andreas Kaleta für
auto touring/ÖAMTC

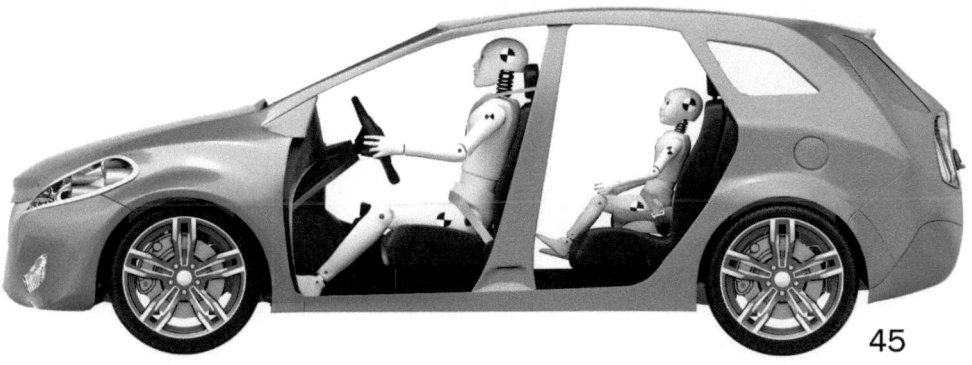

45

Pole Test

Dieser Test ist wieder seitlich, allerdings ist das Hindernis gänzlich anders. Hier wird kein anderes Auto simuliert, sondern ein **Baum** oder **Lichtmast**. Dazu wird eine 25,4 Zentimeter breite Stahlsäule genutzt. Das Auto steht auf einem Schlitten und wird mit 32 km/h gegen diese Stahlsäule gefahren.

Zum Zeitpunkt der Kollision ist der Wagen zur Fahrrichtung um 15 Grad verdreht. Das Ganze ist deshalb so umständlich gemacht, da man im Normalfall in stehendem Zustand nicht plötzlich einen Baum oder Mast ins Auto bekommt, man kracht auch selten frontal hinein. Bei den meisten Unfällen dieser Art dreht es das Auto nämlich und man kollidiert seitlich.

Die für den Crashtest verwendeten Stahlsäulen dringen durch ihre schmale Bauart tiefer in das Auto ein, als es ein Rammbock mit größerer Fläche tun würde. Die versteiften Seiten verhindern die vollständige Eindringung des Hindernisses. Die Breite wurde so ausgewählt, dass weder kaum eine Eindringung passiert, weil die Säule zu dick ist, noch so dünn, dass ein Baum in der Realität einfach umgerissen werden würde. Die Größe ist daher ein Mittelding zwischen einem Ampelmasten und einem Lichtmasten.

32 km/h

Whiplash Test

Neben den vier Haupttests gibt es noch den Whiplash (engl. Schleudertrauma, Peitschenhieb) Test. Dabei wird aber kein Auto zerstört, denn für diesen Test sind nur **Autositze** und **Dummys** notwendig.

Die Sitze werden auf einem Schlitten befestigt und mit zwei verschiedenen Geschwindigkeiten und zwei verschiedenen Dummys getestet. Auf dem Schlitten werden die Sitze dann derart abgebremst, als ob man auf ein Auto auffahren würde.

Relevant ist hier, ob sich die Kopfstütze richtig einstellen lässt oder ob sich Sitzlehne und Kopfstütze verbiegen und potenziell Genickbrüche auslösen könnten. Es wird also getestet, ob beim Rückfallen die Halswirbelsäule überbeansprucht wird.

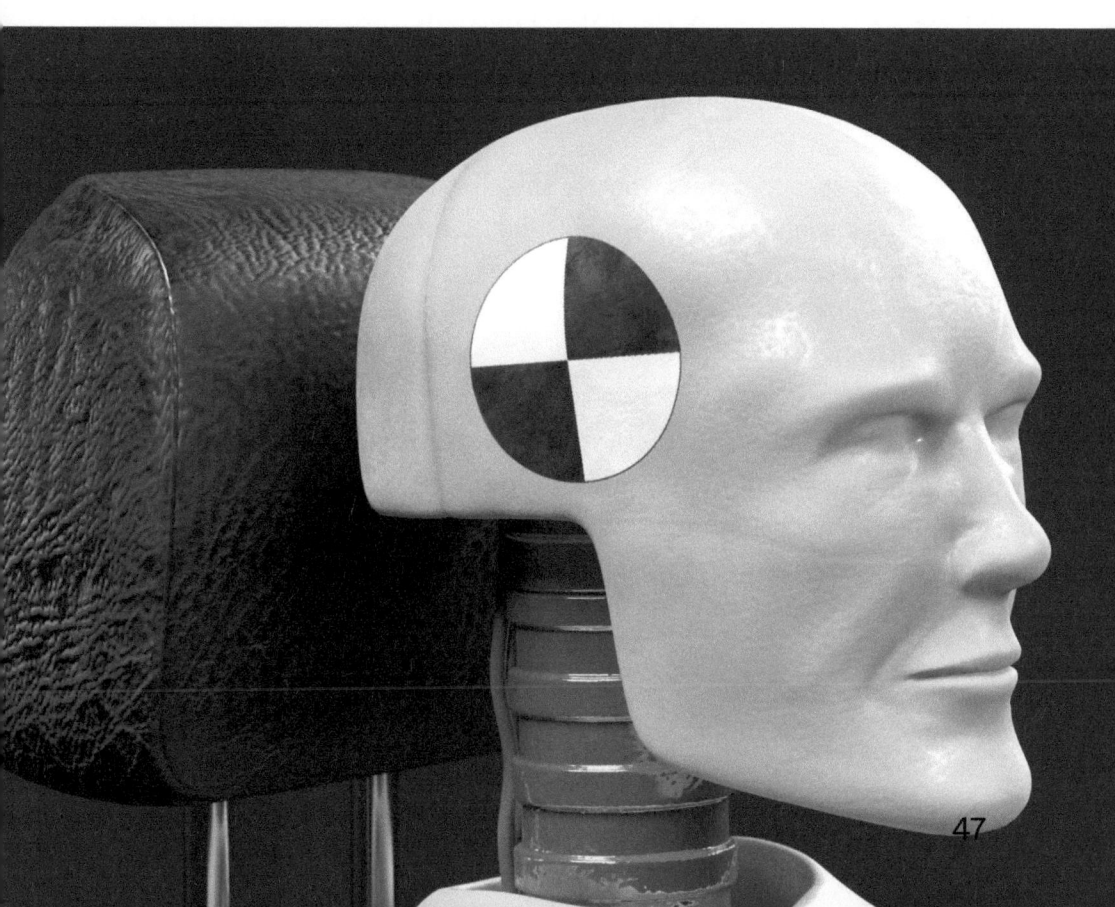

AKTIVE SICHERHEITSSYSTEME ZUR UNFALLVERMEIDUNG

Bis jetzt ging es nur um die **passive Sicherheit**: Knautschzone, Airbag, Sitze und Gurt. Das Zusammenwirken dieser Faktoren ist entscheidend für das Überleben der Insassen im Falle eines Unfalls – die **aktiven Sicherheitssysteme** sollen hingegen dafür sorgen, dass erst gar kein Unfall passiert. Sie arbeiten präventiv gegen Unfälle und sind somit für den ehemaligen Cheftechniker Max Lang genauso wichtig wie die passive Sicherheit.

Doch was zählt überhaupt zur aktiven Sicherheit?

 Wir sprechen hier von technischer Ausstattung wie dem Notbremsassistenten, dem Spurhalteassistenten oder dem **Totwinkelassistenten**, der durch Piepsen und/oder Licht im Rückspiegel auf herannahende Hindernisse von hinten aufmerksam macht.

Deren Nutzen ist leicht zu erkennen: **Notbremsassistenten** können den Unfall vielleicht nicht immer verhindern, aber durch die schnelle Reaktion wird zumindest der Aufprall gemindert und das allein kann schon enorme positive Auswirkungen haben. Auch erkennt das System Menschen, die zwischen Autos hervorkommen, besser als wir selbst, auch bei Nacht und in der Dämmerung.

Nicht alle **speziellen Features** im Auto zählen allerdings zur aktiven Sicherheit. Spielereien wie Ampelscans werden momentan noch als Ablenkung gesehen. Auch automatisiertes Fahren wird noch nicht als Sicherheitsinstrument gewertet, da die Funktionstüchtigkeit auf dem derzeitigen Entwicklungsstand noch eingeschränkt ist und solche Systeme heutzutage noch mehr Gefahren bergen als Nutzen.

Solange automatisiertes Fahren nicht reibungslos funktioniert, zumindest in gewissen Bereichen wie etwa auf der Autobahn, wird es nicht als Testkriterium aktiver Sicherheitssysteme angesehen. „Es wird zwar bei den Tests schon ausprobiert und bei Spezialtests auch bewertet, hat aber bei den derzeitigen Euro NCAP Tests keinen Einfluss auf die Punkte. Wir können es uns nicht leisten, solche unausgereiften Techniken freizugeben, weil wir dann verantwortlich wären für die Verletzten und Toten, die folgen würden", erläutert Max Lang.

Auch die aktiven Sicherheitssysteme müssen getestet sein. Diese Testreihen nehmen mehr Zeit in Anspruch als die Prüfung der passiven Sicherheitssysteme, es wird tagelang auf- und abgefahren und dabei alles aufgezeichnet. Die getesteten Wägen werden zwar nicht zerstört – bei einem passiven Test gehen immerhin vier Autos kaputt –, aber durch den enormen Zeitaufwand sind die Kosten auch bei dieser Prüfung erheblich.

 Die Autos bleiben bei den Tests der aktiven Sicherheit deshalb heil, weil mit Hindernissen aus Styropor und Plastik gearbeitet wird, die sich bei einer Kollision in Stücke zerlegen.

Der **Spurhalteassistent** wird mit einem entgegenkommenden Hindernis bei verschiedenen Geschwindigkeiten getestet (es wird ab

10km/h getestet). Kurz bevor das Hindernis auf gleicher Höhe ist, macht der Lenker einen Schwenker von ungefähr 30 bis 40 Zentimeter in die Gegenfahrbahn. Funktioniert der Spurhalteassistent gut, lenkt das Auto sofort zurück, wenn nicht, zerlegt es das Hindernis in lauter Einzelteile und das Auto bleibt unversehrt. Der „Unfallgegner" aus Plastik oder Styropor kann danach auch einfach wieder zusammengesetzt werden, also auch das Testmaterial ist wiederverwendbar.

Die einzigen fixierten Bestandteile der Tests für die aktiven Sicherheitssysteme sind die mehrspurige Fahrbahn und die Bodenplatte des Hindernisses.

Die Teststrecke selbst muss recht lang sein, zumindest 1 Kilometer, und mehrere Bahnen haben. Es wird auch die Reaktion auf den Randstein getestet, der in diesem Fall allerdings nur in Form einer Linie existiert.

 Mit jeder neuen Erfindung der Autoindustrie dauern die Tests der aktiven Sicherheit länger und werden aufwendiger, da allen neuen Ideen auch eine passende Überprüfung folgen muss.

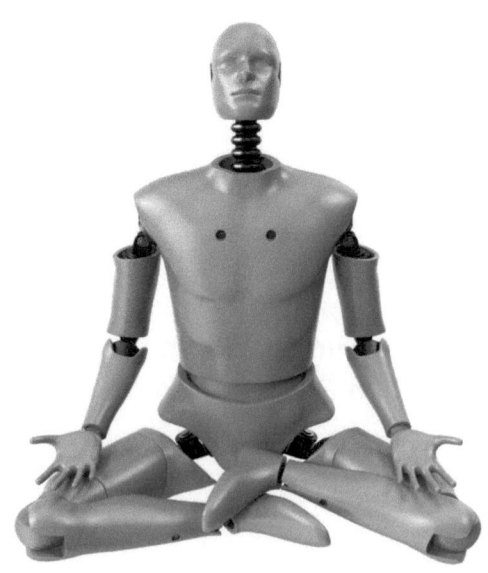

Der „Mensch" beim Test

Bei den Crashtests sind die **Crashtest-Dummys** eine der wichtigsten Komponenten. Beim Euro NCAP werden mehrere unterschiedlich schwere und große Dummys benutzt, um die Sicherheit für einen breiten Durchschnitt zu gewährleisten.

Bis zu einer Million Euro kostet so eine „Puppe" inklusive der Sensoren. Diese Dummys finden dafür jahrelang Verwendung und es müssen im Normalfall höchstens die Extremitäten getauscht werden, weil sie durch einen Test zu sehr eingequetscht und deshalb beschädigt wurden. Auch die Sensoren müssen manchmal getauscht werden.

Einer der Dummys ist der **Hybrid III 50% Mann**.
Dieser 1,75 Meter große und 78 Kilo schwere Mann
sitzt beim ersten Frontalcrash gegen die deformierbare Barriere am Beifahrersitz: Seine Bezeichnung
bedeutet, dass 50 Prozent der Männer genauso groß
oder kleiner sind. „Hybrid" wird er deshalb genannt,
da in den 1960er Jahren aus zwei zu der Zeit verfügbaren Dummys ein neuer gemacht wurde – und da
die Vorteile der beiden fusioniert wurden, bekam er
den Namen „Hybrid". Die Nummer zeigt, dass dieser Dummy aus der dritten Generation stammt.

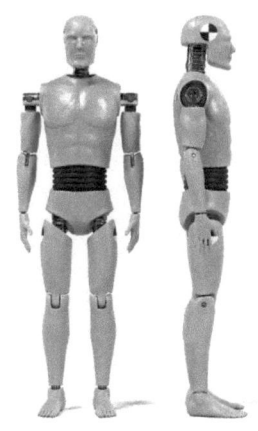

Am Fahrersitz befindet sich seit 2020 der **Thor 50% Mann**. Er unterscheidet sich vom Hybrid III 50% Mann in seiner menschenähnlicheren Bauart, ist aber genauso groß und schwer. Das Gesicht ist angemalt, wie bei allen Dummys, um die Farbabdrücke am Airbag zu sehen, und er hat zusätzlich auch Sensoren im Gesicht. So kann eindeutig festgestellt werden, welche Verletzungen im Gesicht davongetragen werden. Auch die Wirbelsäule und das Becken sind weiterentwickelt.

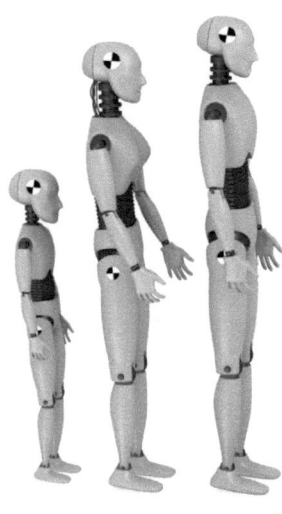

Beim zweiten Frontalcrash gegen die starre Wand sitzt die **Thor 5% Frau** am Beifahrersitz. Sie ist 1,52 Meter groß und 54 Kilogramm schwer. Nur 5 Prozent der Frauen sind kleiner als dieser Dummy. Mit einer Frau hat sie allerdings nur die Figur, die weiblich geformte Brust und das Gewicht gemeinsam.

Zusätzlich gibt es noch **Kinder-Dummys**, die bei bei den Frontalcrashtests hinten im Wagen sitzen.

Das Thema Gender Gap in der Fahrzeugsicherheit wird heiß diskutiert. „Mit einer „Frau" zu testen ist eine freiwillige Leistung des Euro NCAP. Es ist also rein gesetzlich nicht vorgeschrieben, männliche und weibliche Körper gleichwertig in Tests einzusetzen", erzählt der Crashtestexperte Max Lang.

Das bedeutet, dass die passive Sicherheit eigentlich hauptsächlich an **männliche Körper** angepasst ist. Man kann also nur schwerlich behaupten, dass mit den momentanen Testmethoden ein Durchschnitt aller Menschen abgedeckt ist.

 Außerdem sitzt immer ein männlicher Dummy am Steuer. Wie sicher Frauen in dieser Position sind, ist also vollkommen offen.

Auch diskussionswürdig ist die Bauweise eines weiblichen Dummys. Nur Körperform, Gewicht und Brustausprägung machen einen Mann nicht zur Frau – der weibliche Dummy ist bisher nur ein leichterer, kleinerer und ein wenig anders geformter Mann.

„Es wird aber bereits in Holland und Schweden in Kooperation mit Dummy-Entwicklern an einer Verbesserung gearbeitet und untersucht, inwiefern ein weiblicher Körper sich tatsächlich aus sicherheitstechnischer Perspektive von männlichen Körpern unterscheidet. Es wird bei diesen Untersuchungen die Biomechanik überprüft und überlegt, wie man etwa Brust und Becken eines weiblichen Dummys neugestalten könnte. Wird hier entschieden, dass ein besserer weiblicher Dummy auf den Markt kommt, müssen auch alle Crash-Labors bereit sein, diesen zu kaufen, was jedoch nicht so einfach passiert, es geht hier ja um viel Geld", erzählt der Techniker Max Lang.

Die Gründe für die Vernachlässigung von Frauen im Crashtest sind ebenso einfach wie riskant. Das System hat sich in einer Zeit entwickelt, in der vermutlich tatsächlich mehr Männer als Frauen autogefahren sind. Man müsste alles doppelt testen, damit der weibliche Dummy auch am Steuer sitzen kann. Doch doppelt so viele Tests bedeuten doppelte Kosten.

Ebenso hält sich leider der Glaube, dass kein besonders großer Unterschied in der Sicherheit zwischen Fahrer/-in und Beifahrer/-in besteht. Das rührt auch daher, dass das Lenkrad und die Pedale durch die Sollbruchstellen und die kontrollierte Verschiebung des Lenkrads scheinbar schon sicher genug sind.

 Was dabei leicht vergessen wird: Der Fahrersitz ist immer noch der gefährlichste Platz im Auto.

Die Konstellation der beiden Sitze ist zwar ähnlich, aber der Unterschied in den Belastungen entsteht nicht nur durch die Größe und das Gewicht der Dummys, sondern ist auch abhängig vom Sitzplatz.

Beim **Fahrersitz** schießt im Falle eines Unfalls der Airbag aus dem Lenkrad und das Lenkrad ist näher an der lenkenden Person als das Armaturenbrett beim **Beifahrer**. Außerdem passiert bei sehr vielen Unfällen eine Kollision mit dem Gegenverkehr, daher wird der Fahrer öfter getroffen. Diese Unterschiede sind für die Autoindustrie jedoch leider kein Grund, doppelten finanziellen und zeitlichen Aufwand zu betreiben. Doppelte Tests wären somit dringend notwendig, um die Sicherheit der Frauen an jedem Platz im Auto zu prüfen.

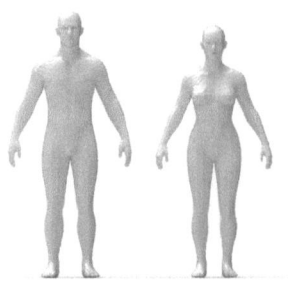 Wirklich aussagekräftig werden die zusätzlichen Tests erst, wenn weibliche Dummys einen tatsächlich weiblichen Körper bekommen würden.

Das heißt konkret: Es müssen Sensoren an den betroffenen Stellen – also insbesondere im Brust und Beckenbereich – montiert und der Dummy-Körper vom Körperbau her näher an das weibliche Vorbild gebracht werden. Ergebnisse aus ersten Prototests würden dann vielleicht auch genug Druck auslösen, weibliche Dummys gleichwertig bei den Tests einzusetzen.

Max Lang betont aber: „Das Problem betrifft nicht nur Frauen. Alle Ausreißer vom Durchschnitt sind potenziell gefährdeter, ein älterer Mensch mit schwachen Knochen hat deutlich mehr Risiko, durch einen zu starken Gurt oder zu aggressiven Airbag verletzt zu werden, genauso wie eine zart gebaute Frau oder ein besonders großer und schwerer Mann."

Was der Wille zur Veränderung bewirken kann, sieht man am Beispiel **Kopfstützen** und ihre Sicherheit für große, schwere Männer. Früher fehlte oft die Möglichkeit, die Kopfstütze ideal einzustellen. Selbst wenn sie hoch genug war, wurde das ganze Konstrukt instabil. Die Stangen können sich umso mehr verbiegen oder gar ausreißen, je weiter sie hochgefahren sind. Genickbrüche waren daher bei einem schweren Unfall nicht unwahrscheinlich.

„Bei den neuen Autos ist das kein Problem mehr, aber das ist ein konkretes Beispiel, wie gefährlich eine Abweichung vom Durchschnitt werden kann", so Max Lang.

 Der Schutz von älteren Fahrerinnen und Fahrern ist ebenso ein vernachlässigtes Problem.

Die mögliche Brustbelastung ist bei einer 30-jährigen Person natürlich deutlich höher als bei einer 80-jährigen mit Osteoporose. Das wurde in der Entwicklung der Sicherheitssysteme schon bedacht. Daher wurden die Belastungswerte bereits angepasst. Jedoch: Der

Gurtkraftbegrenzer sorgt zwar für eine Entlastung der Brust, allerdings ist das natürlich wiederum an die Belastungsgrenze eines 50%-Mannes und einer „weiblichen Brust" einer 5%-„Frau" angepasst.

Die Menschen werden immer älter und fahren länger Auto und das wird bei der Entwicklung der Sicherheitssysteme noch nicht ausreichend bedacht. Hinzu kommt: Airbags haben oft eine entlastende Wirkung, jedoch werden Großeltern und Schwiegereltern gerne nach hinten gesetzt – somit fällt die Hilfe durch den Airbag natürlich weg.

Mittlerweile wurde aber, wie schon im Kapitel zu Airbags und Gurt erwähnt, bereits mit adaptiven Systemen getestet, also die Möglichkeit durchgespielt, dass sich das Auto und seine Sicherheitssysteme an den Nutzenden anpassen könnten.

 Sollten adaptive Rückhaltesysteme ein Bewertungspunkt beim Euro NCAP werden, wäre eine Verbesserung der Fahrzeugsicherheit für die vom „Durchschnitt" Abweichenden eine nicht mehr so weit entfernte Möglichkeit.

WAHRE UNFALL-GESCHICHTEN UND TIPPS VON PROFIS

Nachts im Bett eines früheren Unfallopfers: Im Albtraum rast man immer und immer wieder auf den LKW zu. Der Knall des Airbags hallt wider. Sobald man sich am nächsten Morgen erneut ins Auto setzt, ist es, als wäre man noch dort – an jenem verhängnisvollen Tag. Das Auto zu starten und loszufahren ist plötzlich eine unlösbare Aufgabe.

Die Technik in den Autos ist da, um Unfälle zu verhindern oder zumindest den menschlichen Körper im Falle des Falles zu schützen. Was aber passiert danach? Oder die eigentliche Frage: Was passiert mit den Menschen, die diesen Unfall überstanden haben? Viele der **Geschichten**, die mir erzählt wurden, hatten einen harmlosen Ausgang. Ein Unfall bleibt einem immer im Gedächtnis, manche Erlebnisse lassen sich aber einfach als unangenehm wegstecken. Andere lassen Wunden zurück und schreiben sich für immer in die persönliche Biografie ein. Hinterlassen ihre Narben, körperlich wie auch seelisch.

... plötzlich wurde mir die Verantwortung als Fahrer bewusst ...

Der 28-jährige Marco hatte im Alter von 19 einen schweren Unfall, der ihm bis heute in den Knochen sitzt. Seine Empfindungen beim Unfall selbst kann er heute noch im Detail beschreiben:

„In erster Linie war ich geschockt. Ich sah den LKW entgegenkommen und wusste, dass es das war. Ich konnte nichts mehr tun. Den Aufprall an sich habe ich nicht so schlimm in Erinnerung, ich weiß nur, dass sich alles drehte. Es kam mir vor, als wäre das Auto fünfmal rotiert, in Wirklichkeit war es wahrscheinlich nur eine Drehung. Gespürt habe ich absolut nichts in diesem Moment, auch danach im Krankenhaus nicht. Es steckten Glassplitter in meiner Brust, aber nicht sehr tief. Erst viel später, als ich mich acht Stunden nach dem Unfall schlafen legte, hatte ich plötzlich unfassbare Schmerzen.“

Der Unfall ereignete sich bei prekären Fahrbedingungen – in einer Wettersituation, der kein Winterreifen gewachsen war.

„Es hatte zuvor mehrfach geschneit, die Fahrbahn war vereist und kurz vor meiner Fahrt kam noch Neuschnee dazu. Die Polizei hat mir versichert, dass ich vorbildhaft vor Fahrtantritt das Fahrzeug von Schnee und Eis befreit habe. Die Winterreifen waren gerade einmal vier Tage alt. Auch die Geschwindigkeit war nicht erhöht, das konnten sie daran nachvollziehen, dass kein Airbag aufgegangen war. Ich bin in einer Kurve ins Rutschen gekommen – der LKW knallte einfach auf der Fahrerseite in das Auto, direkt hinter meinem Sitz. Das Heck des Fahrzeugs wurde zur Hälfte zusammengedrückt. Im Nachhinein fiel mir erst auf, wie schrecklich der Unfall ausgegangen wäre, wenn hinten jemand gesessen wäre.

Ich konnte ein bis zwei Wochen aufgrund meines psychischen Zustands und der körperlichen Schmerzen nicht schlafen. Aufgrund des Schleudertraumas musste ich etwa eine Woche eine Halskrause tragen. Wie in 90 Prozent der Fälle von Schleudertrauma hatte ich mit chronischen Beschwerden zu kämpfen, wie etwa Kopfschmerzen oder Nackenschmerzen. Ich hatte diese etwa drei Jahre lang. In dieser Zeit musste ich auch zweimal ins Krankenhaus, weil ich mir den Nacken verrissen hatte."

Heute hat der Oberösterreicher dank eines Osteopathen keine chronischen Schmerzen mehr – doch die Erinnerung ist so frisch, als sei es gestern gewesen.

„Danach hat es mich unglaublich verunsichert, jemanden im Auto mitzunehmen. Die Verantwortung schien mir einfach zu groß."

Während des Unfalls selbst waren diese Gedanken noch gar nicht da.

„Mein erster Gedanke war: Verdammt, ich habe das Auto geschrottet. Meine Eltern werden ausrasten. Ich erinnere mich auch, dass das Autoradio noch an war."

Originalfoto © privat

Auch die 52-jährige Barbara hat einen schweren Unfall hinter sich:

„Ich fuhr auf einer Bundesstraße und eine andere Autofahrerin bog plötzlich aus einer Seitenstraße in die Fahrbahn ein. Ich versuchte den Unfall zu verhindern, machte eine Notbremsung, trotzdem kam es zum Aufprall. Die Frau im anderen Auto war ohne zu zögern auf meine Spur gefahren – später behauptete sie, dass sie mich wegen des starken Sonnenlichts nicht gesehen hätte. Das Auto machte einen vollständigen seitlichen Überschlag, es war ein Totalschaden. Da wo der Aufprall am größten war, bei der Kühlerhaube, war mein Fahrzeug richtig eingedrückt. Die Fahrerkabine blieb allerdings unversehrt."

Die Knautschzone hat hier zwar ganze Arbeit geleistet – aber verletzt wurde die Niederösterreicherin leider trotzdem. Der Airbag ging ebenfalls auf, den bekam sie allerdings nicht mehr bewusst mit.

„Ich erlitt ein Schleudertrauma und mehrere Prellungen durch den Gurt an der Hüfte. Auch hatte ich einen Zwerchfellbruch, vielleicht durch den Gurt, das kann ich aber nicht genau sagen. Der Airbag hing schlaff herunter, ansonsten habe ich nichts von ihm bemerkt."

Und was ging ihr während des Unfalls durch den Kopf?

„Das Schlimmste in dem Moment war das metallische Geräusch der Karosserie. Zuerst dachte ich nur daran zu bremsen, dann kam schon der Aufprall. Der Überschlag dauerte für mich ewig. In den Sekunden des Unfalls kam mir auch Prinzessin Diana in den Sinn – sie ist kurz davor gestorben, wie wir wissen, auch bei einem Autounfall. Als mein Auto endlich zum Stillstand kam, stellte ich mir die Frage: Spüre ich etwas? Die Angst, auch gestorben zu sein, ließ mich auf Schmerzen hoffen. Als ich mich dann endlich wieder fühlen konnte, kamen die Schmerzen und auch die Erkenntnis: Ich lebe noch."

Ich lebe noch. Ein Gedanke, dessen man sich erst nach dem Unfall bewusst wird. Die Möglichkeit, dass es auch anders hätte ausgehen können, ist eine erschreckende, aber leider allzu reale.

... ich lag drei Tage im Koma, ich wusste nicht mehr, was passiert war ...

Diese einschneidende Erfahrung machte die 38-jährige Nadine:

„Ich erinnere mich nicht an die Unfallursache. Aus irgendeinem Grund bin ich von der Fahrbahn abgekommen und mit einem Baum am Fahrbahnrand kollidiert. Dann war ich sofort bewusstlos. Irgendwann wurde ich leicht wach und blickte in ein Licht. Außerdem konnte ich ein paar Umrisse von Menschen außerhalb des Autos erkennen. Dann verlor ich erneut das Bewusstsein. Kurz darauf wachte ich wieder auf, als ich schon neben dem Auto lag und von Sanitätern behandelt wurde. Ich wusste nur in Ansätzen, was geschehen war und in welcher Situation ich mich befand. Sofort fragte ich die Sanitäter, was passiert war und welche Verletzungen ich habe. Fast in Trance habe ich meinen Körper abgetastet und ich wollte unbedingt, dass man meinen Partner informiert. Danach wurde mir ein Beruhigungsmittel verabreicht und ich schlief ein. Erst drei Tage später wachte ich aus dem künstlichen Koma auf - beim Aufwachen erinnerte ich mich zuerst an gar nichts."

Das Auto von Nadine war ein Totalschaden und sie selbst trug sehr schwere Verletzungen davon: eine Schulterprellung vom Gurt, eine Unterkieferfraktur, ein Loch/Durchriss im Dünndarm, eine Innenknöchelfraktur und eine Wadenbeinfraktur. Fast drei Wochen lag sie im Krankenhaus und war danach noch etwa zwei Monate im Krankenstand.

„Ein halbes Jahr später musste ich erneut operiert werden, um die Platten und Schrauben aus meinem Bein und Kiefer zu entfernen. Heute habe ich kaum Beschwerden, aber wenn ich länger höhere Schuhe anhabe, schmerzt es ein wenig am Knöchel. Meine Zähne sind auch zum Teil zerstört – die wurden zwar mal behandelt, das hat aber leider kaum Abhilfe geschaffen."

Originalfoto © privat

PSYCHOLOGISCHE BETREUUNG
NACH EINEM UNFALL

Einem Unfall können sowohl körperliche als auch **psychische Verletzungen** folgen. Die psychischen Nachwirkungen fallen teils stärker oder schwächer aus und zeigen sich auf unterschiedliche Art und Weise. Wie schwer diese sind, kommt natürlich einerseits auf den Menschen selbst an. Ausschlaggebend sind andererseits die Unfallschwere, die Anzahl der Beteiligten und die Unfallumstände.

„Je schwerer der Unfall und je mehr persönlich nahestehende Personen involviert sind, desto höher ist die Wahrscheinlichkeit, dass psychische Nachwirkungen auftreten. Besonders wenn die eigene gedankliche ‚Schuldzuschreibung' stark ist, also man die Schuld für Entstehung oder Auslösung bei sich selbst sieht, muss man mit lang andauernden psychischen Nachwirkungen rechnen", betont die ÖAMTC-Verkehrspsychologin Marion Seidenberger.

Sieht man die Schuld bei sich und schafft es nicht, sich selbst zu verzeihen, kann man mit dem Erlebten nicht abschließen – und die seelischen Wunden brauchen viel länger, um zu heilen.

Manche Unfälle haben eine so stark traumatisierende Wirkung, dass sich diese in einer posttraumatischen Belastungsstörung manifestieren  kann. Typische Symptome sind etwa ein häufiges Wiedererinnern des Unfalls sowie der Situation, die vor Ort erlebt wurde.

Auch ein Vermeidungsverhalten, also nicht mehr selbst fahren zu wollen, das Umfeld des Unfalls zu vermeiden und die damaligen Umstände (Wetter, Uhrzeit) als belastend und beängstigend zu empfinden, sind typische Anzeichen.

Marco leidet bis heute unter dieser Nachwirkung:

„Ich konnte mich kaum noch überwinden, mit dem Auto zu fahren. Zusätzlich hatte ich Schlafstörungen - und eine Fahrbahn mit Schnee zu befahren, traue ich mich bis heute, acht Jahre nach dem Unfall, nur ungern."

Auch Barbara konnte länger nicht problemlos mit Situationen, die an den Unfall erinnerten, umgehen.

„Ungefähr ein halbes Jahr bremste ich jedes Mal, wenn sich mir ein Auto seitlich näherte."

Gereiztheit oder starke Verunsicherung können ebenso auftreten, was das eigene Fahrkönnen betrifft. Man traut sich nicht mehr unter gewissen Umständen zu fahren und kann daher auch überreagieren, wenn man dennoch in eine als gefährlich wahrgenommene Situation gerät.

 Auch können eine höhere Sensibilität für Geräusche auftreten, länger anhaltende Kopfschmerzen sowie Schweißausbrüche und fahriges oder unruhiges Verhalten. Ebenso sind depressionsähnliche Symptome wie Appetitlosigkeit, Antriebslosigkeit und emotionale Gedämpftheit eine mögliche Folge eines schweren Unfalls.

Die psychischen Verletzungen werden allerdings oftmals gar nicht behandelt. „Trotz mancher Empfehlungen und Angebote der Ersthelferinnen und Ersthelfer von Polizei, Rettung oder medizinischem Personal am Unfallort und im Krankenhaus, sich auch psychologische Unterstützung zu holen oder zumindest daran zu denken, wird der Fokus meistens allein auf die Heilung und Genesung der körperlichen Wunden gelegt", erläutert Marion Seidenberger.

Anfangs versuchen sehr viele Betroffene, mit den später aufkommenden psychischen Nachwirkungen allein klarzukommen und diese zu überwinden.

Dieses Verhalten nennt sich „Resilienz": eine bestimmte psychische Widerstandskraft, die einem hilft, in schwierigen Lebenssituationen zurechtzukommen und diese zu verarbeiten.

Das kann funktionieren – allerdings sollte man nicht den Punkt verpassen, sich Hilfe zu holen, wenn die Belastung zu groß wird. Merkt man, dass man mit dem Vergangenen nicht (mehr) zurechtkommt, können professionelle Kräfte wertvolle Unterstützung leisten.

„Auf Nachfrage kann man meistens noch während des Spitalaufenthalts um Kontaktaufnahme mit einer Psychologin oder einem Psychologen bitten, allerdings wird das in dieser Phase oft nicht wahrgenommen. Eine Auseinandersetzung mit den psychischen Wunden ist aber unbedingt zu empfehlen", betont die ÖAMTC-Expertin.

Leider sind nach einem Unfall etliche zusätzliche Probleme zu lösen, wie etwa versicherungstechnische Fragen, Polizeiprotokollnachfragen, Gespräche mit Unfallsachverständigen, rechtliche Fragen, familieninterne Aufgabenstrukturierung, Dienstgeberinformation, Rehabilitation und vieles mehr.

Diese zahlreichen Aufgaben verzögern oft den Wunsch und vor allem die Zeit zur Aufarbeitung des Erlebten. Auch die professionelle Unterstützung bei der Regenerierung des psychischen Wohlbefindens wird dadurch häufig verdrängt.

Für alle Fälle gibt uns die verkehrspsychologische Expertin Marion Seidenberger noch die wichtigen **4 Bs bei Unfällen** mit auf den Weg. „Auch wenn noch keine Notärztin und kein Notarzt am Unfallort ist, kann man als Ersthelferin oder Ersthelfer wichtige psychologische Dienste leisten. Die 4 Bs geben hier eine kurze Anleitung.“

Die 4 Bs nach einem Unfall

 **Beruhigen**: Der oder die Betroffene soll spüren, dass er oder sie nicht alleine ist. Die betroffene Person soll wissen, dass jemand da ist und die Rettung verständigt wurde. Am besten versichert man auch, dass man dableibt, bis professionelle Hilfe eintrifft. Das kann entlasten und entspannen.

 Vorsichtiges **Berühren**: Holen Sie sich die Erlaubnis ein, die betroffene Person zu berühren. Etwa die Hand halten, um die Person zu beruhigen. Zusätzlich wird so Nähe und Fürsorge vermittelt.

Vor **Blicken** schützen: Für Verletzte oder auch nur Beteiligte eines Unfalls sind neugierige Augen das Letzte, was gebraucht wird. „Störende Schaulustige können mit konkreten Aufgaben wie der Absicherung der Unfallstelle beschäftigt werden“, rät die ÖAMTC-Expertin.

Besprechen und zuhören: Sprechen Sie, wenn es die verunfallte Person möchte, über die Ereignisse. Leihen Sie ihr ein offenes Ohr, gehen Sie auf das Gesagte ein und vermitteln Sie Ruhe und Zuversicht. Das kann im Moment des Schocks helfen, die gereizten Nerven zu beruhigen.

KINDER UND UNFÄLLE

Unfälle können bei Kindern unterschiedlich starke **Reaktionen** hervorrufen. Wie bei Erwachsenen gilt es, die möglichen seelischen Wunden nach Verkehrsunfällen zu erkennen und zu behandeln.

 Auch Kinder können an langfristigen psychischen Folgen leiden und eine sogenannte posttraumatische Belastungsstörung entwickeln.

Ebenso wie es bei Marco und Barbara passierte, ist es möglich, dass Kinder den Unfall immer wieder erleben und Alpträume und Schlafstörungen haben. Sie wiederholen die Ereignisse im Spiel, um so mit der Belastung umzugehen. Es kann auch passieren, dass das Kind im Nachhinein eher verschlossen ist oder gar nicht darüber sprechen möchte.

„Ebenfalls kann es zu Aufmerksamkeits- oder Konzentrationsstörungen kommen, Leistungen können abfallen oder das Kind kann gar depressiv werden oder eine Essstörung entwickeln", warnt Marion Seidenberger.

Sehr junge Kinder, also im Volkschul- oder Kindergartenalter, sind oft noch nicht in der Lage, über ein verändertes oder auffälliges emotionales Selbsterleben zu sprechen. Sie können viel schwerer als Erwachsene über ihre Gefühlssituation reflektieren oder beschreiben, wie sie das Erlebte beeinflusst hat.

Hier ist dann jede nahe Bezugsperson des Kindes gefragt: Merken Sie, dass das Kind nach dem Unfall spürbar ein verändertes Verhalten an den Tag legt oder sich das ganze Wesen des Kindes verändert, kann man mithilfe von professioneller Hilfe darauf reagieren.

Wichtig ist hier laut Verkehrspsychologin Marion Seidenberger gleichzeitig, das Verhalten sehr sensibel und aufmerksam zu erfassen, um dann im Austausch mit Profis, also Ärzt/-innen, Kinderpsycholog/-innen oder Kindertherapeut/-innen, das Kind in seiner Genesung betreuen zu können.

Der 25-jährige Tobi aus Wien erlebte als Kind, er war acht Jahre alt, einen Unfall.

„Meine Großeltern und ich fuhren auf der Bundesstraße zwischen zwei Bergen. Damals als Kind kam mir das wie eine Art Schlucht vor. Uns kam ein LKW entgegen, der plötzlich über die Mittellinie auf unsere Spur gezogen hat. Dann ging alles ziemlich schnell – ich erinnere mich nur, dass meine Oma meinem Opa zugerufen hat ‚Pass auf!'. Er ist dann nach rechts ausgewichen und im nächsten Moment war schon der Crash. Wir knallten in ein parkendes Auto und es beutelte uns ordentlich durch. Neben der Kollision hörte ich noch ein lautes ‚Plop' vom aufgehenden Airbag. Wir waren alle im Schock, aber es war zum Glück keiner schwer verletzt worden. Als der erste Schreck nachgelassen hatte, begann ich heftig zu zittern, immerhin war ich noch ein Kind. Danach hatte ich lange ein Problem mit hohen Geschwindigkeiten, ab einem gewissen Tempo wurde ich im Auto sehr nervös."

Zittern nach einem Unfall ist grundsätzlich, auch wenn es im Moment des Schocks anders scheint, ein „gutes" Zeichen. „Wenn das Kind zittert, dann baut es die Energie ab, die sich im Schock aufgebaut hat. In einer existenziell bedrohlichen Situation werden

Adrenalin und andere Hormone ausgeschüttet, sodass man plötzlich unglaublich viel Energie hat. Der Körper bereitet sich auf Kampf oder Flucht vor – oft wird die Energie nicht ge- oder verbraucht, da in den meisten Fällen weder Kampf noch Flucht möglich sind. Die Folge ist eine Erstarrung. Die Energie bleibt so im Körper und kann nicht abgebaut werden. Zittert das Kind, versucht der Körper, diese Energie loszuwerden und reagiert sehr gesund auf das gerade Erlebte", beschreibt die Psychotherapeutin Mag. Krimhild König dieses Verhalten.

Allgemein kann man mögliche längerfristige **Reaktionen von Kindern** nach Unfällen in vier Überbegriffe* unterteilen:

 **Übererregung**: Dazu zählen etwa Angstzustände und Schlafstörungen, das Kind ist so voll von Energie und Aufregung, dass etwa Einschlafen oder Durchschlafen zu einer Herausforderung wird.

 **Kontraktion**: Das Kind bewegt sich viel und heftig, entwickelt Gereiztheit und Aggressionen.

Dissoziation: Hier passiert eine Entfernung zu den Ereignissen und den eigenen Gefühlen. Das Kind träumt etwa mit offenen Augen, um so Abstand zu gewinnen und sich von der inneren Erregung zu erholen.

Taubheit: Verhaltensmuster, die sich durch ein Gefühl von Hilflosigkeit und Hoffnungslosigkeit äußern. Kinder können erstarren, die Unmöglichkeit die aufgebaute Energie abzubauen, lässt den Körper „einfrieren". Das äußert sich auch in einer Traumatisierung, da die Energie gar nicht abgebaut wird, im Körper bleibt und so ein Trauma entstehen kann.

* Vgl. Levin, Peter A./Kline Maggie: Verwundete Kinderseelen heilen. Kösel 2014, Seite 60 ff.

Die erste Reaktion direkt nach einem Unfall ist häufig ein so-genannter psychischer **Schock**. Diese erleben Kinder sowie Er-wachsene – nur sind Kinder oft noch nicht fähig, ohne Hilfe und Unterstützung Erwachsener damit umzugehen.

„Ist man als Elternteil mit dem Kind im Auto, ist es wichtig, sich zuallererst selbst zu beruhigen. Durch bewusstes Atmen kann man wieder zur Ruhe kommen, denn erst wenn man sich selbst wieder im Griff hat, ist man eine echte Hilfe für das Kind. Alles was man ausstrahlt, fühlt auch das Kind", betont Krimhild König.

Sobald es die Situation erlaubt, empfiehlt die Psychothera-peutin, sich gemeinsam mit dem Kind – wenn es sich um einen leichten Unfall handelt – einige Meter vom Unfallort zu entfernen. Kinder brauchen neben Ruhe vor allem Zuwendung und Wärme. „Sobald man sich versichert hat, dass keine körperlichen Verlet-zungen bestehen, ist es wichtig, dem Kind Schutz zu geben. Also in den Armen halten, wärmen, ein bisschen gehen und wiegen."

Leider gibt es genug Unfallsituationen, in denen es den Eltern nicht möglich ist, das Kind in den Arm zu nehmen, etwa wenn schwerwiegende Verletzungen vorliegen oder man im Auto ein-geklemmt ist.

Sofern eine verbale Kommunikation möglich ist, sollte man dem Kind bewusst Hoffnung kommunizieren. „Am besten Dinge sagen wie: ‚Im Moment kann ich nicht zu dir kommen.' Niemals ‚nicht' oder ‚nein' sagen, sondern immer betonen, dass es leider jetzt gerade nicht geht. Oder: ‚Gleich wird jemand kommen, der uns hilft.' Immer vermitteln, dass bald jemand zur Hilfe kommt bzw. dass man bald wieder zusammen ist", empfiehlt die Psychotherapeutin.

Situationen wie diese lassen leider kaum Vorbereitung zu. Unser Gehirn reagiert instinktiv und im Ernstfall agiert das vegetative Nervensystem, das alles Lebensnotwendige steuert. Das heißt, wir können nur wenig Einfluss auf unser Fühlen und Denken nehmen. Natürlich kann man sich vorher bewusst machen, wie man am besten reagiert, allerdings ist die Frage, ob einem im Schock die vorbereiteten Sätze wieder in den Sinn kommen.

 Genau für solche Situationen gibt es Rettung und Kriseninterventionsteams, die von außen neutral und konzentriert helfen können.

Falls man eine Fremde oder ein Fremder ist und helfen will, gelten grundsätzlich die gleichen Empfehlungen:

 Dem Kind ausreichend **Wärme** geben, sowohl die Temperatur betreffend als auch den Schutz. Als fremde Person also am besten eine Decke umhängen, damit eine Hülle und somit Geborgenheit gegeben ist.

 Dann das Kind vom Unfallort, den Geräuschen und Lichtern **abschirmen** und, wenn möglich, einen warmen Tee oder Kakao besorgen.

Allerdings gibt es bei all dem eine unumgängliche Grundregel für Helfer/-innen: Immer das Kind **informieren**, was man tut, und dann **fragen**, ob es für das Kind so in Ordnung ist. Berührung oder Zuwendung einer unbekannten Person kann Kinder zusätzlich belasten und anstatt der erhofften Geborgenheit könnte dies zu einer weiteren Stresssituation führen. Also jedes Mal fragen, ob das Kind eine Decke will, ob eine Berührung in Ordnung ist oder ob es etwas trinken möchte.

Auch wenn das Kind kaum oder gar nicht auf Fragen **reagiert**, ist es trotzdem wichtig, immer alles zumindest anzukündigen, also das Kind – wenn möglich – nicht unvorbereitet zu berühren und so zusätzlich zu irritieren.

 Wie man bei Tobis Unfall gesehen hat, ist nach dem ersten Schock sehr viel Energie im Körper. Wenn Kinder geschockt sind, wollen sie sich bewegen, etwas tun. Der naturgegebene Instinkt zu fliehen oder zu kämpfen will ausgelebt werden, doch im Kindersitz oder nachher in der Behandlung kann das nicht passieren.

So wird die **Energie** anders vom Körper abgebaut: Starkes Herzklopfen, Zittern, geweitete Pupillen, eine verstärkte Blutgerinnung und die Abnahme der verbalen Ausdrucksfähigkeit sind mögliche Reaktionen. Auch die Muskelfasern sind stark erregt. Ebenfalls können Kinder im Schock auffällig blass werden, zittern, schwitzen, krampfartige Zustände haben oder ohnmächtig werden.

Manche Kinder reagieren allerdings mit Taubheit, die im Körper gebündelte Energie lässt sie erstarren und verhindert so jeglichen Abbau dieser Energie. Sie bleibt also im Körper und fördert so die Entstehung eines Traumas.

 Dieser durch einen Schock hervorgerufene Flucht- und Kampfinstinkt stammt noch aus dem Tierreich. Tiere sind selten bis gar nicht traumatisiert, da sie nach ihrem Instinkt agieren: Sie zittern.

Bei Menschen wird die ganze Bewegung vom autonomen Nervensystem gesteuert, genau wie bei den Tieren. Wir sind, und das ist gut so, so weit, dass wir denken und so überwiegend über unseren **Instinkten** stehen. Das verhindert jedoch dann oft, dass wir so reagieren, wie es gesund für uns wäre.

Ein Grund wäre etwa die Scham. „In unserem Denken ist genau abgespeichert, wie wir uns meinen verhalten zu müssen, selbst in extremen Stresssituationen. Wir können stolz sein, dass wir nicht nach unseren Instinkten leben – aber manchmal würden wir sie brauchen", gibt Krimhild König zu bedenken.

Es kommt auch vor, dass Kinder sich durch den **Stress** einnässen oder einkoten. Das passiert, weil das Blut aus der Verdauung in die Muskeln wandert. Der Körper entledigt sich all dessen, was er nicht mehr braucht und somit auch des Inhalts unserer Blase und des Darms:

„Unser Körper handelt hier sehr klug und lenkt den Fokus auf das, was in diesem Moment wichtig ist. Bei Angst ist es die Kraft zu fliehen oder zu kämpfen, jeglicher Ballast muss dann weg. Die enorme Kraft, die wir dadurch bekommen, erlaubt uns, Leistungen zu erbringen, die sonst nicht möglich wären. Unter Schock, mit Adrenalin und anderer hormoneller Unterstützung können Menschen unglaubliche körperliche Kraft entwickeln – daran sieht man, wie enorm die Kräfte sind, die hier abgebaut werden müssen. Hier reagieren wir instinktiv und unglaublich schnell", erzählt die Psychotherapeutin.

Die Nachwirkungen

Manchmal kommt es vor, dass Kinder nach Unfällen Nachwirkungen haben, die in ihrer Intensität nicht gleich an die Oberfläche treten. Einige Veränderungen spielen sich rein im Inneren des Kindes ab und bleiben für das Umfeld lange unsichtbar.

„Direkt auf den Unfall folgende Symptome sind etwa Schwindel, das Gefühl eines ‚Steins im Magen', Übelkeit oder Ekel. Ebenfalls können starke Kopfschmerzen auftreten, Atemnot oder das Gefühl zu frieren. Der Schock verhindert oder reduziert **Schmerzen** – empfindet das Kind also Schmerz, ist der erste Schrecken vermutlich schon abgeschwächt", beschreibt Krimhild König.

Neben den schon erwähnten **Symptomen** wie etwa Schlafstörungen sind Kinder auch manchmal übermäßig schreckhaft, sowohl im wachen als auch im schlafenden Zustand.

 Alpträume sind keine Seltenheit, bei kleinen Kindern werden schlechte Träume manchmal auch von Schreien begleitet.

Eine sich allmählich entwickelnde übermäßig starke Anhänglichkeit des Kindes, wenn es etwa immer getragen werden möchte, könnte ebenfalls ein Anzeichen einer **Traumatisierung** sein. Natürlich gibt man als Bezugsperson dem Kind, was es braucht, aber trotz allem sollte dieses Verhalten hinterfragt werden.

Selten bekommen die Kinder auch Fieber, teils hohes Fieber, aber ohne, dass eine Infektion vorliegt. Müdigkeit und Lethargie können ebenfalls entstehen, durch die in Angstzuständen begründete flachere Atmung der Kinder und den darauffolgenden Sauerstoffmangel im Gehirn. Auch das Essverhalten ändert sich möglicherweise, der Appetit kann vollständig wegfallen oder das Kind stopft sich übermäßig voll. Bei älteren Kindern oder Jugendlichen entstehen vielleicht Essstörungen, daher ist es ratsam, immer einen Blick auf das Essverhalten der Kinder zu haben.

Auch extreme Aggressionen (Kontraktion) sind eine mögliche Nachwirkung, zum Beispiel weil das Kind mehr Gefühle in sich hat, als es verkraften kann. Dazu können übertriebener Protest oder endloses Fragen und Hinterfragen kommen.

 Ältere Kinder entwickeln teils schon größere psychische Belastungen, etwa existenzielle Angst. Es können sich konkrete Befürchtungen und Ängste ausbilden.

Ebenso ist Dissoziation, also das Gefühl neben sich zu stehen, zu sehen was passiert, aber es nicht wirklich wahrzunehmen, ein Anzeichen für unbewältigtes Geschehen. Die Kinder fühlen sich dann oft nicht im Leben stehend und nur als dessen Beobachter. Sie sind völlig distanziert vom Umfeld und sich selbst.

„Es wird alles als fremd wahrgenommen. Die Kinder werden unorganisiert, treten weg. Das ist ein Schutzmechanismus, um nicht ‚verrückt‘ zu werden, das Kind hält es nicht mehr aus und sein Körper reagiert darauf. Durch die Dissoziation kann der Körper sich erholen, wieder herunterfahren“, beschreibt die Psychotherapeutin.

Zu diesem Fremdheitsgefühl gehört auch, dass man vielleicht erstmal keine **Erinnerung** an die Situation oder bestimmte Momente des Unfalls hat. Auch entsteht möglicherweise eine veränderte Wahrnehmung von Größen und Zeit. Die Kinder nehmen also alles größer oder kleiner und langsamer oder schneller wahr, als es eigentlich ist.

Es besteht die Möglichkeit, dass erst Jahre später Symptome auftreten. Sollte sich also lange Zeit nach dem Unfall ein verändertes Verhalten bemerkbar machen, kann das trotzdem noch auf den Unfall zurückzuführen sein.

 Bei Jugendlichen kommt die Gefahr des Alkohol- und Drogenmissbrauchs hinzu.

In diesem Alter haben Jugendliche auch öfter mit Flashbacks zu kämpfen. Zusätzlich kann ein starkes Vermeidungsverhalten entwickelt werden – beispielsweise die Vermeidung der Erinnerung, der Örtlichkeit oder ähnlicher Situationen. Trotz dieser Ausweichtaktiken ist es möglich, dass die Erinnerungen durch kleine Dinge im Alltag getriggert werden, etwa durch einen bestimmten Geruch oder das Geräusch einer Sirene.

Wenn Jugendliche dem Unterricht fernbleiben, der Umgang mit größeren Menschenmengen zu einer unüberwindbaren Herausforderung wird oder ähnlich massive Symptome auftreten, können Eltern mit disziplinierenden Maßnahmen nichts erreichen. Es ist dann unbedingt ratsam, das Gespräch zu suchen, um die Gründe für das Verhalten zu eruieren und gegebenenfalls Hilfe zu organisieren.

Als Bezugsperson längerfristig helfen

Wie kann man Kindern und Jugendlichen in solch einer schweren Situation beistehen? Mit **Ängsten** und **Erinnerungen** umzugehen, muss gelernt sein und funktioniert nicht von heute auf morgen. Eltern haben hier die Verantwortung, ihren Kindern im Heilungsprozess beizustehen und sie zu unterstützen.

Ein Beispiel gibt die Psychotherapeutin Krimhild König: „Wenn kleine Kinder etwa Angst haben, wieder ins Auto zu steigen oder den Kindersitz ablehnen, kann man den Kindersitz in den Wohnbereich holen. Dort sollte man ihn kurzzeitig zentral platzieren und sich langsam mit dem Kind annähern. Allerdings immer nur so weit, wie es das Kind aushält, da man sonst eine Retraumatisierung herbeiführen könnte. Das Kind kann sich auch selbst annähern, der Kindersitz sollte aber nicht dauerhaft stehengelassen werden. Ansonsten ist das Kind ständig dieser ‚Bedrohung' ausgesetzt. Also einfach probieren, vielleicht sich selbst mit dem Kind hineinsetzen, danach aber Pausen machen."

Manchmal ist der Ursprung des veränderten Verhaltens auch gar nicht klar, beispielsweise wenn der Unfall schon länger her ist. Dann ist es umso schwieriger, zum Kind durchzudringen, da die Eltern gar nicht wissen, wo der Kern der Verhaltensänderung liegt.

 Wenn man etwa bei einem kleinen Kind beobachtet, dass es immer dasselbe spielt, also zum Beispiel mit Spielzeugautos den Unfall nachspielt und es immer gleich ausgeht und keinerlei Veränderung zu sehen ist, hält man die Augen am besten auch für andere Auffälligkeiten offen.

Solche wiederholten Spiele zeugen von Hoffnungslosigkeit. Man erkennt deutlich, dass sich das Kind noch mit der Unfallsituation beschäftigt. Dann sollte man sich einen/eine PsychotherapeutIn mit Ausbildung in Kinder- und Jugendlichenpsychotherapie suchen, am besten mit zusätzlicher Trauma-Ausbildung. Die Spielsituation bietet auch für Eltern oder andere Bezugspersonen die Möglichkeit, zum Kind durchzudringen und es dabei zu unterstützen, aus der hoffnungslosen Spielsituation selbst herauszufinden.

„Dem Kind darf auf keinen Fall, auch wenn man helfen möchte, die Führung des Spiels entrissen werden. Besser ist zu fragen, was genau passiert, und ob es auch anders ausgehen könnte als die vorherigen Spiele. Wenn das Kind sich trotz der Fragen gegen Änderungen wehrt, dann ist es wichtig, diese Ablehnung auch zu akzeptieren", betont Krimhild König.

Fragen sollen das Kind anregen, Neues zu probieren, und ihm keinesfalls die Entscheidung abnehmen. Dementsprechend ist es ratsam, es bei Fragen zu belassen. Wenn man statt zu fragen beginnt, Änderungen konkret vorzuschlagen, könnte eine Antwort suggeriert werden und das eigene Tempo des Kindes wird so übergangen. Das Kind weiß immer tief in sich selbst, was es möchte, und davon sollte man auch als Elternteil oder Bezugsperson ausgehen.

Die Grundregel, Kinder nach ihren eigenen **Handlungsimpulsen** zu fragen, sollten Eltern oder andere Bezugspersonen immer im Hinterkopf behalten, empfiehlt Krimhild König. Da mit Vorschlägen indirekt auch eine Meinung bzw. ein Wunsch suggeriert werden könnte, kann sich das Kind in gewisser Weise verpflichtet fühlen, bestimmte Vorschläge entgegenzunehmen, denn es tut alles und will alles richtig machen, um geliebt zu werden.

Wenn das Kind keine Hilfe annimmt

Es gibt mehrere Möglichkeiten, traumatisierten Kindern selbst zu helfen. Doch manchmal geht der Weg an einem **Profi** laut Krimhild König nicht mehr vorbei. „Wenn man sich hilflos fühlt, nichts zum Kind durchdringt und der Versuch der Traumabewältigung nicht erfolgreich ist, muss man sich auf jeden Fall Hilfe suchen. Für viele ist es aber ein schwieriger Schritt, sich das einzugestehen."

Es widerspricht unter Umständen der grundlegenden Empfehlung, dem Kind nichts aufzudrängen. Man stellt sich vielleicht die Frage, ab wann der Zeitpunkt gekommen ist, das Kind zumindest in die richtige Richtung zu motivieren.

„In den ersten Anläufen ist es wichtig, dass man die Entscheidung des Kindes oder des/der Jugendlichen akzeptiert, und vielleicht mit einer gezielten Antwort vermittelt, dass einem die Unterstützung selbst wichtig ist. Etwa mit Aussagen wie ‚Schade, ich hätte gerne mit dir darüber gesprochen, weil ich es wichtig finde'. Man könnte das Kind auch fragen, ob es selbst denkt, dass ein Gespräch mit einer außenstehenden Person hilfreich oder gut wäre, wie eben mit einer Therapeutin oder einem Therapeuten", empfiehlt die Psychotherapeutin. An dieser Stelle kann man auch auf die Schweigepflicht von Therapeuten und Therapeutinnen hinweisen und dass es auch nur ein einmaliger Besuch sein könnte.

Am besten vermittelt man hier immer, dass einem dieser Schritt selbst sehr wichtig erscheint. Eltern können ihren Kindern sagen, dass sie die Verantwortung für ihr Wohlergehen tragen und daher nicht dabei zusehen können, wie das Kind sich selbst quält.

 Kinder selbst denken oft, dass sie Schuld an ihrem Verhalten hätten – auch dieses Gefühl muss ihnen genommen werden.

„Sollte das Kind auf gar nichts ansprechen und sich vollständig ‚einigeln', dann bleibt einem nur mehr der Weg zum/zur PsychotherapeutIn. Wie schon erwähnt, ist es sinnvoll, dem Kind ganz offen zu kommunizieren, weshalb das ein wichtiger Schritt ist. Aber auch dann ist Geduld gefragt. Ich selbst hatte eine jugendliche Patientin, die mir erst nach einem Jahr erzählt hat, dass sie überhaupt eine traumatische Situation erlebt hat, da wurde aber noch nichts genauer aufgeschlüsselt. Davor war sie im Krankenhaus und bei mehreren Psycholog/-innen und ihr wurde immer gesagt und vermittelt, dass ihr nicht geholfen werden könne. Dadurch entstehen natürlich Wut und Scham und es wird immer schwieriger, darüber zu sprechen. Also auf keinen Fall erzwingen und niemals Hoffnungslosigkeit verbreiten", betont Krimhild König.

Schwere Unfälle und Verlust

Als Bezugsperson kann man auch schwerwiegendere Situationen mit dem Kind erleben. Vielleicht ist ein Elternteil aufgrund schwerer Verletzungen im Krankenhaus. Dann ist es wichtig, ehrliche Antworten zu geben.

 Wie bei allem ist es altersspezifisch, wie man mit einem Kind spricht.

Krimhild König betont, dass ein Fünkchen **Hoffnung** in jeder Situation liegt: „Es ist wichtig, in solchen Situationen auf die Wortwahl zu achten und die Wahrheit so positiv wie möglich zu formulieren. Und zwar mit Sätzen wie: ‚Wir wissen noch nicht, wie es weitergeht, wir hoffen, dass es gut wird'."

Wir dürfen einem Kind aber auch keine falsche Sicherheit vorgaukeln, zum Beispiel, dass jemand wieder gesund wird, wenn es nicht wirklich so ist. Lügen sind keine Option. Am besten verbindet man Ehrlichkeit mit Hoffnung – oft verändern einzelne Worte die Wirkung auf das Kind. Wie der schon erwähnte Baustein „im Moment" oder „momentan": Das bedeutet, dass etwas jetzt leider so und so ist, aber nicht so bleiben muss, und es beinhaltet auch keinerlei Versprechen. Es wird alles offengelassen, bereitet schon ein wenig auf eine schlechte Nachricht vor und lässt gleichzeitig Hoffnung.

Leider kann dem Kind auch das Schlimmste widerfahren: Ein Elternteil oder eine nahestehende Person überlebt den Unfall nicht. „Für diesen Fall gibt es eigene Ratgeber mit vielen Tipps, allerdings kann man meiner Meinung nach hier keine pauschale Antwort geben. Es ist sehr individuell – sowohl das Alter und der Charakter des Kindes als auch die Situation, in der es passiert ist, entscheiden, was in dem Moment richtig oder falsch für das Kind ist. Ich würde wie immer kein Rezept geben wollen", bemerkt die Psychotherapeutin.

 Ehrlichkeit ist auch beim Verlust ein wichtiger Teil des Prozesses. Je nach Situation ist es ratsam, selbst abzuschätzen, wann und wie man dem Kind die schlimme Nachricht mitteilt.

Ist das Kind noch relativ klein, helfen vielleicht **tröstende Vorstellungen**, wie beispielsweise der Himmel im Christentum. Manchen Kindern hilft es zu hören „Der Papa ist jetzt im Himmel" oder auch die Bezugnahme auf anderes Vertrautes, woran das Kind glaubt. Das Kind setzt sich im Spiel, in Gesprächen, in Tagträumen und vor allem im eigenen Tempo mit dem Verlust auseinander.

Natürlich ist es für das Kind wichtig, eine Vertrauensperson oder Bezugsperson bei sich zu haben, die mit ihm redet und Fragen beantworten kann.

 Weinen gehört zum Trauerprozess – Kinder können durchaus sehen, dass ein Elternteil auch weint.

„Trauer sollte auf jeden Fall gezeigt werden. Sieht das Kind, dass jemand weint, kann es diesen Vorgang als normale Reaktion in das eigene Verhaltensrepertoire aufnehmen. Unterdrücken Bezugspersonen ihre Trauer, ahmt das Kind dieses Verhalten nach, weil es meint, das wäre gut und richtig, aber der Trauerprozess braucht das Weinen", betont Krimhild König.

Es sollte normal sein, Trauer durch **Weinen** auszudrücken. Weinen ist für die meisten kleineren Kinder ein ständiger Begleiter, jede kleine Trauer, um einen Verlust, und wenn es nur um eine Süßigkeit geht, wird mit Tränen gezeigt. Das ist auch gut, weil es einem immer ein wenig besser geht, nachdem man geweint hat.

Daher ist es auch in Ordnung, in weniger dramatischen Situationen vor dem Kind Trauer und Traurigkeit offen zu zeigen. Weinende Eltern sollten kein schlechtes Gefühl in den Kindern wecken und auch kein fremder Anblick sein. Selbst wenn das Kind in einer unpassenden Situation weint, ist es nicht richtig, das negativ zu betrachten.

 Anstatt dem Kind zu sagen, dass es nicht weinen soll, ist es langfristig gesünder, auf die ausgedrückten Emotionen einzugehen.

Also etwa zu sagen, dass es jetzt verständlicherweise traurig ist. „Kinder müssen lernen, dass jeder Mensch Gefühle hat und es normal ist, wenn ein Erwachsener oder eine Erwachsene trauert. Denn die Trauer zeigt auch die Fähigkeit, jemanden oder etwas zu lieben, und das ist wiederum unglaublich schön", erklärt Krimhild König.

Über Kinder und Jugendliche, die mit Traumata und Verlust kämpfen müssen, gibt es gute Ratgeber, die genauestens analysieren und beraten, wie man in solchen Situationen mit Kindern umgehen sollte oder könnte.

Solche Werke sind wichtig und helfen vielen Betroffenen, schwierige Situation zu bewältigen. Allerdings darf hierbei nicht vergessen werden, dass das eigene Kind nicht in solchen Ratgebern zu finden ist.

Psychotherapeutin Krimhild König nimmt auch ihre eigenen Vorschläge nicht von dieser Regel aus: „Es ist unglaublich wichtig, dass Eltern und Bezugspersonen selbst *erspüren*, was *ihr Kind* braucht. Viele hören blind auf Ratgeber, aber diese dienen nur der Orientierung, sie sind keine allgemeine ‚Gebrauchsanweisung‘. Man muss selbst auf sein Kind schauen und diesem die Möglichkeit geben mitzuentscheiden, was ihm guttut und was es möchte. Lesen Sie gerne Ratgeber, aber beobachten und nehmen Sie eigenständig wahr, was *Ihr Kind* wirklich braucht!“

VERLORENE LEBEN

Fahrlässigkeit im Verkehr kann mehr auslösen als eine belastende Erinnerung und körperliche Narben.

Die folgenden Geschichten erzählen vom Verlust eines geliebten Menschen, der Wut auf die fehlende Vorsicht, das mangelnde Bewusstsein auf den Straßen und die Trauer, die bis heute nur schwer zu ertragen ist.

„die Geschichten, die ich ihr
nicht mehr erzählen konnte"

Es war der 8. April 1990. Max Lang war mit seiner Frau Andrea auf dem Weg zurück von ihrer Schwester, es war spätnachts und nicht viel Verkehr. Bei einer Kreuzung fuhren sie über Grün – und plötzlich knallte ein Auto mit voller Geschwindigkeit seitlich auf die Hinterachse des Wagens. Der Unfallgegner hatte bei Rot die Kreuzung passiert.

„Es wäre ein unkritischer Aufprall gewesen. An der Hinterachse gibt das Auto kaum nach, da der Aufprall fast direkt auf die Räder wirkt. Aber wir drehten uns um 180 Grad und donnerten mit der hinteren Tür gegen den gegenüberliegenden Ampelmasten. Der ist geknickt, das Auto hat sich erneut gedreht und der Mast ist von hinten durch das Auto gebrochen. Meine Frau wurde schwer am Kopf verletzt, ihre Lunge von den Rippen durchbohrt. Der Sitz wurde zusammengeschoben, die ganze Beifahrerseite war zerstört. Wir krachten mit den Köpfen aneinander und ich verlor das Bewusstsein, bevor ich realisieren konnte, was geschehen war."

Max Lang kam wieder zu sich, als das Verkehrsunfallkommando eintraf. Rettung und Polizei waren noch nicht vor Ort. Ein Taxifahrer hinter dem Unfallgegner hatte im Moment des Unfalls sofort die Rettungskette in Gang gesetzt. Sie hatten also Zeugen – um die späte

Uhrzeit ein Glück, erinnert sich Max Lang. Dann traf die Polizei ein, lange vor der Rettung. Diese brauchte über eine halbe Stunde.

„An den Unfall selbst, also die Kollision, kann ich mich nicht erinnern, ich hatte sehr schnell das Bewusstsein verloren. Als ich zu mir gekommen bin, habe ich mich zuerst gefragt, warum wir in die falsche Richtung stehen. Dann sah ich hinüber zu meiner Frau, sie war bewusstlos und hat nach Luft geröchelt. Später erfuhr ich: Zu dem Zeitpunkt hatte sie schon Blut in der Lunge.

Anschließend bin ich ausgestiegen und es waren überall Leute: die Polizei und – eben viel zu spät – die Rettung. Auch der Unfallgegner war dort, aber das alles war mir zu dem Zeitpunkt unwichtig. Ich konnte nur an meine Frau denken, was mit ihr ist und ob sie überlebt."

Max Lang ist später auch mit der Rettung mitgefahren, um sich untersuchen zu lassen, aber er musste nicht im Krankenhaus bleiben. Es wurde zwar am nächsten Tag ein CT gemacht, weil er Kopfschmerzen hatte, doch es war nur ein leichtes Aneurysma.

Für Andrea Lang haben sie in dieser Nacht viele Stunden gekämpft.

„Im Spital wurde mir gesagt, dass meine Frau schwere innere Blutungen hat und auch schwere Kopfverletzungen. Den Kopf haben sie sich aber gar nicht mehr intensiver angeschaut. Die Blutungen waren zu massiv. Weil die Rettung so lange gebraucht hat, war ihr Körper auch ausgekühlt. Dadurch, kombiniert mit den viel zu langen ununterbrochenen inneren Blutungen, wurde ihr Kreislauf instabil. Im Spital haben sie sich stundenlang bemüht, ihren Kreislauf zu stabilisieren – aber sie konnten Andrea nicht retten."

Max Lang bekam zwischen zehn und elf Uhr früh am Tag nach dem Unfall den Anruf, der jede Hoffnung zerbrechen ließ.

Die Nachricht, dass seine Frau nicht überlebt hatte.

„Nach dem Anruf habe ich ein paar Stunden bei meinem Bruder verbracht. Dann habe ich alle, also Freunde und Familie, informiert. Irgendwann bin ich zurück in unsere Wohnung gefahren. Ich wollte irgendwie weitermachen, es mussten ja die notwendigen Planungen passieren und das Begräbnis organisiert werden. Am Montag war ich wieder in der Arbeit – ohne die Ablenkung und Beschäftigung wäre ich deutlich schlechter dran gewesen. Es war schlimm genug, am Abend nach Hause zu kommen, in die gemeinsame Wohnung mit all ihren Sachen, und alleine zu sein. Hätte ich den ganzen Tag dort verbringen müssen, wäre mir die Decke auf den Kopf gefallen. Solange ich durch Job oder Freunde abgelenkt war, ging es. Aber irgendwann kommt man nach Hause und sie ist einfach nicht mehr da."

Max Lang arbeitete weiterhin beim ÖAMTC. Er hatte also täglich mit den Themen Auto und Verkehr zu tun. Schon bald begann er, an einer HTML zu unterrichten. So war er durch die anfallenden Korrekturen auch abends beschäftigt. Das wollte er so – bloß nicht nachgrübeln.

Er blieb auch in der ehemals gemeinsamen Wohnung.

„Erst Jahre später bin ich mit meiner jetzigen Frau umgezogen. Das hat sie entschieden, wir sind aber sogar in der gleichen Gegend geblieben. Ich hatte nach dem Unfall gar nicht die Überlegung, woanders hinzuziehen, ich hätte – ehrlich gesagt – auch nicht gewusst, wohin. Andreas Sachen sind in ihrem Teil der Schubkästen geblieben, das habe ich erst beim Umzug neun Jahre später alles hergeschenkt und bereinigt.“

Max Lang erkennt Parallelen zu anderen Betroffenen:

„Ein Freund von mir hat auch seine Frau verloren und ebenfalls jahrelang nichts von ihren Dingen angefasst. Ich habe, wie er, einfach keine Notwendigkeit gesehen und es wäre mir seltsam vorgekommen, zwanghaft alles wegzuwerfen. Natürlich haben mich die Wohnung und die Sachen an Andrea erinnert, aber das war überall so – ob mit oder ohne fassbare Erinnerungsstücke. Wenn ich mit Freunden unterwegs war oder auswärts alleine in einem Zimmer schlief – meine Frau war überall. Wenn mir im Alltag etwas auffiel, habe ich oft gedacht: ‚Oh, das muss ich später Andrea erzählen‘ – und dann wurde mir erneut bewusst, was ich verloren habe. Das waren die Momente, in denen mich ihr Fehlen wie ein Schlag traf.

In den Geschichten, die ich ihr nicht mehr erzählen konnte."

Beim Prozess traf er erneut auf den Unfallgegner. Rachegedanken hatte er nie.

„Er als Mensch hat mich nicht interessiert, es war nur schwierig, die zum Teil unterschiedlichen Aussagen zu ertragen. Die Zeugen, die vor Ort waren, erzählten mir im Nachhinein, dass er unglaublich nach Alkohol gestunken hatte, laut Polizei war er aber nicht alkoholisiert. Er ist auch recht glimpflich davongekommen. Ich habe mir dann selbst relativ bald gesagt, dass es nichts hilft, mir darüber den Kopf zu zerbrechen, das würde Andrea auch nicht mehr zurückbringen. Sie war tot, die Was-wäre-wenn-Frage oder ein Racheakt am Unfallgegner hätten die Zeit nicht zurückdrehen können. Ich habe kein Wort mit dem Unfallverursacher gewechselt, weder am Unfallort noch beim Prozess.

Am meisten habe ich mich innerlich mit dem Thema der verzögerten Rettung beschäftigt. Niemand konnte mir erklären, was passiert ist oder warum es so lange gedauert hat. Es gab eigentlich keinen Grund, und damit konnte ich viel schlechter umgehen als mit dem Unfallgegner, denn diese Verspätung hat meine Frau vermutlich das Leben gekostet. Aber trotzdem habe ich mir nach einiger Zeit auch hier gedacht: Das ändert jetzt auch nichts mehr.

Getröstet hat mich ein wenig der Gedanke, dass es vielleicht besser so war. Ich werde niemals wissen, was gewesen wäre, wenn die Rettung rechtzeitig gekommen oder ihr Kreislauf nicht kollabiert wäre. Vielleicht wäre alles gut gewesen – vielleicht hätten sich die Kopfverletzungen aber auch als extrem schwerwiegend herausgestellt. Niemand wusste, wie es um ihren Kopf steht, ob sie Schäden am Hirn davongetragen hätte. Vielleicht wäre sie nie wieder dieselbe gewesen."

Dieser Unfall war aber nicht der Grund für Max Langs Interesse an Crashtests und Fahrzeugsicherheit.

„Sicher wurde die Motivation dadurch verstärkt. Doch beschäftigt hatte ich mich mit dem Thema schon zuvor. Die Automobilclubs haben schon in den 1980er-Jahren Treffen mit der FIA (Internationaler Verband der Automobilclubs) in Brüssel abgehalten. Der damalige Chef-Techniker des deutschen ADAC und ich sind oft gemeinsam am Flughafen gesessen und haben überlegt, was die Clubs für die Fahrzeugsicherheit machen könnten.

Da kam uns die Idee, dass die Clubs die passive Sicherheit testen sollten. Damals hat das nur die Autoindustrie selber gemacht und daher wurde das zuerst recht negativ aufgenommen. Vorwürfe, dass wir uns nur profilieren wollen, sind aufgekommen, aber trotzdem wurden unsere Ideen realisiert. 1988 begannen die ersten Tests der Automobilclubs. Als dann zwei Jahre später mein Unfall passiert ist, habe ich noch deutlicher die Notwendigkeit verspürt, dass etwas getan werden muss.

Da habe ich erkannt, wie unsicher die Seitenteile der Autos damals noch waren - heute sind die Seiten beim Auto versteift, der Unfall könnte in dieser Form nicht mehr so leicht passieren. Dass die Getöteten im Verkehr zurückgehen, ist auch stark unser Verdienst."

Nach dem Unfall konnte sich Max Lang ohne Furcht wieder ins Auto setzen.

„Ich hatte kein Problem mit dem Autofahren, auch die Strecke, die wir damals gefahren sind, musste ich im Alltag immer wieder absolvieren - und tat das ohne Probleme. Meine Schwiegereltern, mit denen ich immer Kontakt gehalten habe, wohnten dort und daher konnte ich dem nicht ausweichen. Aber ich habe stets daran gedacht, jedes Mal, wenn ich dort vorbeigefahren bin. Und das tue ich bis heute.

Es ist ein Klischee, aber es stimmt: Mit der Zeit ist es besser geworden - und wenn man jemanden findet, mit dem man sehr glücklich ist, geht das Leben auch irgendwie weiter. Ich bin heute sehr glücklich mit meiner Frau und das ist unglaublich schön."

„als würde ein schwarzes Loch aufgehen und
die ganze Welt auf mich herabstürzen"

Katis Mutter, Sabine Peterbauer, braucht nur wenige Sätze, um ihre Tochter zu beschreiben:

„Kati war ein lustiger, hilfsbereiter, sehr fröhlicher und strahlender Mensch. Wenn es ihren Freundinnen schlecht ging, haben sie immer Kati angerufen und nach dem Gespräch war alles wieder gut. Ihr Bruder Olli und sie haben sich sehr geliebt, waren ein Herz und eine Seele. Kati war mit ihrem Freund Julian schon 13 Jahre zusammen, hat mit ihm und zwei Katzen ein gemeinsames Leben geführt."

Am 10. April 2020 fand Katis Leben bei einem Autounfall ein tragisches Ende – sie war gerade einmal 27 Jahre alt.

„Kati hat nach der Matura vier Jahre bei einer Bank gearbeitet und sich dann entschieden, dass sie lieber Volksschullehrerin werden würde. Die fünf Jahre Studium hat sie mit Bravour gemeistert, sie stand kurz vor der Masterarbeit. Neben dem Studium hatte sie noch drei Jobs."

Katis Mutter strahlt auch heute noch voller Stolz, wenn sie vom Leben ihrer Tochter erzählt. Wäre der Unfall nicht gewesen, hätte Kati eine erfolgreiche Zukunft vor sich gehabt.

Trotz ihrer zahlreichen Engagements war Kati immer überall mit dabei.

„Kati war eine richtige Partymaus, hat nie ein Treffen ausgelassen und ständig bei allem mitgemacht. Ich denke mir immer, dass sie die Jahre, die sie hatte, unglaublich genossen hat. Sie hat so viel vom Leben mitgenommen wie möglich – fast so, als wüsste sie, dass sie nicht alt wird."

Am Tag ihres Todes, dem 10. April 2020, hat Kati genauso voll gelebt, wie sie es immer getan hat. In der Früh hatte sie einen Zwiebelrostbraten vorgekocht und nochmal die Waschmaschine angestellt. Auch Klavier spielte sie noch ein letztes Mal – die Noten hat sie auf dem Instrument liegenlassen.

Der Plan für den restlichen Tag war ein Wanderausflug mit ihrem Freund Julian.

Doch zum Wandern kamen sie nicht mehr.

Auf dem Weg nach Eugendorf bei Salzburg raste ihnen ein 24-jähriger Mann entgegen. Schon mehrere Kilometer vor dem fatalen Zusammentreffen mit Kati und Julia fuhr dieser laut Zeugen unkontrolliert und überholte immer wieder riskant und aggressiv.

Schließlich entschied er sich, einen LKW zu überholen und verringerte den Abstand auf ein Minimum. An der Stelle galt Überholverbot, eine Sperrlinie verdeutlichte diese Regelung. Der Grund war eine Rechtskurve.

Die Sicht war bei Null.

Der Mann setzte erneut zum Überholen an – und exakt jetzt waren Kati und Julian auf der Gegenfahrbahn.

Katis Mutter berichtet:

„Hätte Julian nur eine Sekunde Zeit gehabt zu reagieren, ich bin sicher, er hätte das Richtige getan. Er war immer ein sehr rücksichtsvoller und gu-
ter Autofahrer. Aber er hatte keine Chance und so
kam es zu dem furchtbaren Crash."

Kati und der Unfallverursacher waren sofort tot.

Julian war im Auto eingeklemmt und hatte das Bewusstsein
verloren. Die Rettungskette funktionierte zum Glück unglaublich
gut, denn in nur wenigen Minuten waren Rettung, Polizei und Hub-
schrauber da.

Dank der schnellen Einsatzfahrzeuge gab es für Julian Überlebenschancen. Noch an der Unfallstelle hatte er zwar einen Herzstillstand und musste reanimiert werden, dann aber wurde er mit dem
Rettungshubschrauber ins Unfallkrankenhaus gebracht.

Sabine Peterbauer erinnert sich:

„Julian wurde dort notoperiert, sie kämpften Stunden
um sein Leben. Während der OP hatte er wieder einen Herzstillstand, sodass sie sein Herz untersuchen
mussten, um es auf Verletzungen zu überprüfen. Es war
heil, aber er hatte unglaublich viele andere schwere
Verletzungen: Risse in Milz, Leber, Darm und Lunge
sowie gebrochene Wirbel im unteren Lendenwirbelbe-
reich. Zusätzlich waren seine Hüfte, sein Becken und
sein Kiefer gebrochen, das Wadenbein zertrümmert und
die Sehnen im Vorderfuß zerfetzt. Wegen der Sehnen
muss er heute noch immer eine Schiene tragen, damit

der Fuß nicht hängt. Die Ärzte konnten uns lange nicht sagen, ob er es schaffen wird."

Julian selbst sieht seine beiden Herzstillstände als einen Versuch, mit seiner großen Liebe mitzugehen. Er glaubt heute aber fest daran, dass Kati ihn hiergelassen und ihn somit ermutigt hat, weiterzukämpfen.

„Julian war drei oder vier Tage im Koma. Nachdem er endlich aufgewacht ist, haben die Ärzte trotzdem noch keine Entwarnung gegeben. Sie haben immer wieder betont, dass es ihm jetzt gut geht, aber es unmöglich sei zu sagen, wie es ihm in einer Stunde, am nächsten Tag oder in einer Woche gehen würde."

Anfangs saß Julian noch im Rollstuhl, doch zur Freude der Ärzte und Pfleger begann er sofort, aktiv an seiner Genesung mitzuarbeiten. Er trainierte seinen Oberkörper, um die Kraft zu haben, sich selbst in den Rollstuhl hinein- und wieder hinaus zu hieven. Sobald die ersten Gehversuche anstanden, trainierte er viel intensiver als eigentlich vorgeschlagen.

„Er kämpfte sich von der ersten Minute an, als er körperlich dazu in der Lage war, voll zurück ins Leben. Kati hat ihn hiergelassen, wollte, dass er lebt und kämpft. Also tat er das, für sie."

Heute kann Julian ohne Gehhilfe gehen. Die Schiene ist zwar immer noch dran, aber er braucht keinen Gehstock mehr. Allerdings stehen ihm in seinem Leben noch viele Operationen bevor, da er ein künstliches Hüftgelenk eingesetzt bekommen hat, das alle 15 Jahre getauscht werden muss. In seinen Wirbeln und in der Hüfte waren zusätzlich Schrauben angebracht worden, die aber bereits entfernt werden konnten, da der Heilprozess gut verlaufen ist.

Für Kati gab es – im Gegensatz zu Julian – an diesem schicksalhaften Tag keine Wahl. Ihr wurde in nur einer Sekunde jede Möglichkeit zur Entscheidung genommen und die Chance auf einen Kampf verwehrt.

„Ich erinnere mich ganz genau an diesen Tag. Es war der Tag, an dem sich alles für mich änderte. Es war Karfreitag, also kurz vor Ostern, und ich war gerade dabei, Ostergeschenke vorzubereiten. Im Radio wurde immer wieder gesagt, dass die Strecke nach Eugendorf wegen eines Unfalls gesperrt ist, doch das habe ich nur am Rande mitbekommen. Wenn ich jetzt darüber nachdenke, ist das eigentlich komisch. Ich bin sonst eine sehr besorgte Mama, normalerweise hätte ich sofort die Kinder angerufen und gefragt, ob alles in Ordnung ist und wo sie sind. Aus irgendeinem Grund war ich aber genau in diesem Fall nicht beunruhigt. Heute weiß ich, dass Kati bei mir war, um mich so lange wie möglich vor der Nachricht zu schützen.“

Sabine Peterbauer erinnert sich noch genau, was dann geschah:

„Um ungefähr halb eins hat mein Telefon geläutet, es war Julians Schwester. Sie war unglaublich aufgeregt, hat mich mehrfach gefragt, ob ich Kati erreichen würde, weil Julian an einem Unfall beteiligt war und gerade ins Unfallkrankenhaus gebracht wurde. Natürlich habe ich gleich versucht, Kati anzurufen. Aber selbst als ich sie nicht erreichen konnte, kam mir noch nicht diese schreckliche Möglichkeit in den Sinn. Mein Mann und ich sind dann ins Krankenhaus gefahren, wo wir erfahren haben, wie es um Julian steht.

Dort habe ich nach Kati gefragt, aber niemand wusste etwas von ihr, sie war nicht im Krankenhaus. Schließlich ging ich vors Krankenhaus und rief bei der Eugendorfer Polizei an. Von dort hatte Julians Schwester auch vom Unfall erfahren. Ich sagte ihnen, wer ich bin, und fragte, ob eine Kati Koch an dem Unfall beteiligt war.

Der Polizist stellte mir daraufhin nur eine Frage: ‚Sitzen Sie?'. Ich verneinte. Er bat eindringlich darum, dass ich mich irgendwo hinsetzte, davor wollte er mir keine Antwort geben. Das war der Moment, in dem ich ahnte, dass etwas Schreckliches passiert sein muss. Meine Knie wurden weich und ich habe mich einfach auf den Boden gesetzt. Dann sagte ich zu ihm: ‚Ich sitze jetzt'. Und er antwortete: ‚Es tut mir leid, Ihre Tochter ist bei dem Unfall gestorben.'

Leere. „Also das ist ... das ist, das kann ich gar nicht in Worte fassen, ich kann nicht erklären, wie sich das anfühlt, wenn man das hört. Für mich war es so, als würde unter mir ein schwarzes Loch aufgehen und die ganze Welt von oben auf mich herabstürzen. Ich schleuderte mein Handy weg und schrie, konnte nicht mehr aufhören zu schreien."

Danach wurde Sabine Peterbauer sofort ins Krankenhaus geholt und betreut.

„Im Spital war ich in guten Händen und wurde sofort mit beruhigenden Medikamenten versorgt. Mein Mann und ich wurden in einen eigenen Raum gebeten und nach wenigen Minuten war die Seelsorgerin bei mir. Sie hat mir beigestanden und Fragen gestellt. Kurz darauf war auch das Kriseninterventionsteam da, die haben mich dann den restlichen Tag unterstützt.

Ich kann mich noch erinnern, dass eine der ersten Fragen des Kriseninterventionsteams war, ob zwischen Kati und mir noch etwas offen gewesen ist. Das Besondere an Katis und meiner Beziehung war, dass bei uns eigentlich nie etwas ungeklärt geblieben ist. Wir haben im letzten halben Jahr auch sehr viel Zeit miteinander verbracht und das war unglaublich schön. Das Wissen, dass nichts mehr offengeblieben war, hat mir sehr gutgetan."

Kati wurde nach dem Unfall direkt zum Bestatter gebracht.

„Als ich erfuhr, dass die Polizei auf dem Weg ins Krankenhaus war, klammerte ich mich an den letzten

Funken Hoffnung. Ich wollte es erst wirklich glauben, als es mir ein Polizist ins Gesicht sagte. Vorher war noch die Möglichkeit für mich da, dass vielleicht ein Fehler passiert war. Die Hoffnung, dass doch alles gut ist. Aber dann sind zwei junge Polizisten hereingekommen und das Erste, was sie gesagt haben, war ‚Unser Beileid, Frau Peterbauer‘. Damit war es endgültig, es gab keine Möglichkeit, dass meine Kati noch lebte – in diesem Moment brach die Welt nochmal für mich zusammen.“

Neue Fragen schwirrten durch Sabine Peterbauers Kopf:

„Ich wollte wissen, wo sie ist, ob ich sie noch ein letztes Mal sehen kann, und mir wurde gesagt, dass sie bei der Bestattung liegt. Daraufhin fuhren wir alle gemeinsam dorthin, zu Kati.

Es ist etwas ganz Unvorstellbares. Das möchte man nie, nie wieder erleben, wenn man beim Bestatter in einen Raum reingeht und da ist ein Sarg – der Sarg des eigenen Kindes, Katis Sarg. Man wird gefragt, ob es in Ordnung ist, wenn der Deckel geöffnet wird und man stimmt zu, obwohl man in keiner Weise auf das Folgende vorbereitet ist.

Der Sarg wird geöffnet – und dann liegt da dein Kind drinnen ... Sie war noch so unglaublich schön, hatte die Haare wie immer zu einem Dutt hochgesteckt. Ein paar Kratzer hatte sie im Gesicht, aber das war immer noch Kati, meine Tochter, so wie immer. Ich konnte sie zwar nochmal in den Arm nehmen, sie streicheln und ihre Hand halten - aber mich niemals richtig verabschieden. Ich redete mit ihr, doch sie antwortete nicht und sie war in meinen Armen schon so irrsinnig kalt. Die Hände und das Gesicherl meines Kindes waren wie Eis."

Nach Katis Tod sah Sabine Peterbauer Österreichs Straßen mit ganz anderen Augen.

„Danach ist mir erst aufgefallen, was wirklich auf unseren Straßen los ist. Ich habe sehr schnell an die Eltern vom Unfallverursacher gedacht, die genauso wie ich ihr Kind verloren hatten. Er war 24 und hat trauernde Eltern hinterlassen, weil er seinen Fuß nicht vom Gas nehmen konnte. Ich glaube, nur wenige junge rasende Autofahrer denken daran, was sie ihren Eltern für einen Verlust antun."

Die Schuld für solche tragischen Unfälle sieht die Salzburgerin auch in der Gesetzeslage.

„Jeder Bericht über Raser und Unfälle, den ich nach Katis Tod in den Nachrichten sah, hat mich unglaublich wütend gemacht. Ich konnte nur an meine Kati denken, dass sie gestorben war und keiner etwas tut, alle rasen weiter, die Gesetze werden nicht verändert ... es geht unverändert weiter, als ob nichts passiert wäre."

So konnte es für Sabine Peterbauer nicht bleiben.

„Die Gesetze waren nicht streng genug und ich wollte die Politiker und Autofahrer wachrütteln. Aufgrund dessen veranstaltete ich eine Mahnwache an der Unfallstelle mit 220 Teilnehmern. Alle wurden mit einer Grabkerze ausgestattet und wir haben auch viele Transparente beschriftet.

Das Ganze hat so viel Wind in den Medien gemacht, dass ich am nächsten Tag vom Verkehrslandesrat eingeladen wurde. Wir haben dann über die momentane Situation im Verkehr gesprochen und mir wurde versichert, dass schon sehr viel getan wird.

Allerdings war ich dann schon an dem Punkt, dass ich mehr wollte. Ich stellte meine Forderungen. Ein offenes Ohr reichte mir nicht, ich wollte an einem Tisch mit allen Verkehrszuständigen aller Parteien sitzen, um gemeinsam ein starkes Signal nach Wien zu senden.

Das wurde mir von der Salzburger Landesregierung ermöglicht, das Treffen wurde organisiert. Das hat dann alles in Rollen gebracht, plötzlich hatte ich Fernseh- und Radiointerviews, alle waren aus dem Nichts unglaublich interessiert an diesem Thema."

Beim besagten Treffen mit den zuständigen Politikerinnen und Politikern wurde den Forderungen von Sabine Peterbauer einstimmig zugestimmt und bereits im Herbst konnte ein fertiger Gesetzesentwurf nach Wien geschickt werden.

„Es hat so viel in Bewegung gebracht und ich glaube, das ist vor allem Katis Verdienst. Ich habe meinen Forderungen Katis Geschichte und Gesicht geschenkt, weil niemand, der meine Kati hat strahlen sehen und dann ihre tragische Geschichte gehört hat, behaupten konnte, dass die Gesetze ausreichten."

Mit vereinten Kräften wurde ermöglicht, dass die Gesetze für Raser innerhalb eines Jahres verschärft wurden.

Auf eines pocht Sabine Peterbauer allerdings bis heute noch vergeblich: die Möglichkeit einer Fahrzeugabnahme.

„Wenn jemand immer wieder rast und rücksichtslos fährt, macht er sein Auto zu einer Waffe, die dieser Person wirklich abgenommen werden muss. Ich muss den Rest meines Lebens ohne Kati auskommen und sie jeden Tag vermissen. Da werden ein verantwortungsloser Raser oder eine verantwortungslose Raserin sicher eine Zeitlang auf das Auto verzichten können. Die Debatte, dass man Eigentum nicht abnehmen darf, dass dies verfassungswidrig wäre, macht mich in diesem Fall wütend. Das größte Eigentum, das wir haben, ist das Leben – und nicht unser Auto. Genau dieses Leben wurde meiner Kati entrissen."

Trotz der gesetzlichen Schwierigkeiten ist die Durchsetzung der Fahrzeugabnahme für die nahe Zukunft geplant.

„Mir ist klar, dass Gesetze nicht alles verändern können. Ihre konsequente Durchsetzung senkt die Todesrate jedoch deutlich, das sieht man an anderen Ländern, die wesentlich strengere Regeln haben. Dort passiert einfach weniger, die Straßen sind sicherer.

Aber mir ist besonders wichtig, dass eine Bewusstseinsbildung passiert, also Präventions- und Aufklärungsarbeit. Deshalb halte ich in Fahrschulen und auch höheren Schulen Vorträge. Die dauern nur ungefähr zehn Minuten, aber ich erzähle Katis Geschichte, zeige ihr Gesicht und erkläre meine Haltung dazu. Die Jugendlichen sollten Rasen als das sehen, was es ist: tödlich und fahrlässig. Es soll genauso geächtetes Verhalten werden wie Alkohol am Steuer und genauso aus dem ‚normalen Fahrverhalten' verschwinden."

Diesen Kampf für mehr Sicherheit führt Sabine Peterbauer für Kati – aber nicht nur für sie.

„Der sinnlose Tod meiner Tochter soll nicht umsonst gewesen sein. Alles, was ich tue und bis jetzt getan habe, gibt meinem Leben einen neuen Sinn – etwas, das ich nach Katis Tod für verloren geglaubt habe. Ich will es anderen Eltern, Partnern, Freunden und Geschwistern ersparen, so etwas ertragen zu müssen. Ich will mit meiner Kati gemeinsam Leben retten."

Sabine Peterbauer ist sicher, dass Kati immer bei ihr ist:

„Ich glaube fest daran, dass Kati meine Hand hält und mich bei alldem unterstützt. Sie und ich waren immer füreinander da, haben uns gegenseitig gehol-fen. Kati und ich waren ein unglaublich gutes Team – und das sind wir auch heute noch."

SIGRUN BENESCH

„die letzten 11 Tage meiner Tochter"

In der Nacht vom 9. auf den 10. Jänner 1996 raste ein alkoholisierter Fahrer auf die 20-jährige Sigrun Benesch und ihre Freundin Andrea zu. Sie waren nur mehr 10 Minuten von Andreas Wohnung entfernt, als sie von hinten erfasst und mehrere Meter in ein Tankstellengelände geschleudert wurden.

Sigrun und ihre Freundin blieben schwer verletzt liegen, der betrunkene Fahrer beging Fahrerflucht. Es verging fast eine halbe Stunde, bis sie entdeckt wurden und Hilfe eintraf.

Um etwa 2:30 Uhr klopfte es bei Sigruns Familie an der Tür. Sigruns Mutter Sigrid sah aus dem Kinderzimmerfenster und da stand ein Polizeiauto in der Einfahrt. Schnell warf sie sich etwas über, ging hinunter und öffnete die Tür.

Die Polizisten fragten nach Sigrun, ob sie hier wohnen würde, und sagten etwas von Verletzungen unbestimmten Grades. Ihre Mutter fragte, ob sie von schweren Verletzungen reden würden, und der Polizist bejahte. Er brachte Sigruns Eltern zur Intensivstation – Sigrid Benesch wusste gar nicht, was sie in dem Moment tun sollte.

Sigrun hatte schwere Kopfverletzungen und niemand konnte genau sagen, was passiert war.

Ihre Mutter glaubte nicht, dass die beiden Mädchen die Straße überqueren wollten und so vom Fahrer erfasst wurden. Sigrun wäre nie ohne zu schauen über die Straße gegangen.

Sigruns Eltern baten einen befreundeten Arzt zu erfragen, wie es genau um Sigrun steht. 20 Minuten nach dem Anruf war er bei der Familie im Wohnzimmer. Er erklärte, was Gehirnblutungen und Schwellungen bedeuten und wie schwer Sigruns Verletzungen wirklich waren.

Um 7 Uhr früh waren sie wieder im Krankenhaus, konnten aber noch nicht zu Sigrun. Um ihr Gehirn besser unter Kontrolle zu haben, wurde eine Hirndrucksonde eingesetzt. Nur eine kleine Operation, wurde ihrer Mutter gesagt, ein kleines Loch in der Schädeldecke.

Danach war alles stabil. Trotzdem konnte Sigrid Benesch die Angst um ihre Tochter kaum bremsen. Kurze Zeit später bekam Sigrun plötzlich Blutungen im Bauchraum um Milz und Leber und ihre Milz musste entfernt werden.

Als Sigruns Mutter ihre Tochter endlich sehen durfte, sah diese beinahe unverletzt aus. Es waren nicht einmal blaue Flecken zu erkennen, nur kleine Schrammen unter dem Auge und auf der Stirn. Sie sah ihr blutendes Gehirn nicht, auch nicht die gebrochenen Knochen im Gesicht. Die Risse im Augenmuskel, ihre verletzte Lunge waren ebenso unsichtbar, nur die unzähligen Schläuche, Flaschen und Computer zeigten, wie sehr ihre Tochter kämpfte. Sie wagte es kaum, Sigrun zu berühren.

Sigrun war 6 Tage lang stabil. Ihre Mutter besuchte sie jeden Tag, las ihr ihre Post vor und erzählte, was während ihrer Abwesenheit passierte. Sie erzählte Sigrun von ihren Geschwistern und Freunden, die auf sie warteten. Sie las ihr aus ihrem Lieblingsbuch vor. Sigruns Großvater besuchte seine Enkelin ebenfalls und las ihr vor.

Die Aufwachversuche wurden immer wieder nach hinten verschoben, Sigruns Gehirn sprach auf die Behandlung nicht an. Einen Tag später hätte Sigrun aufwachen sollen, ihr Gehirn war schon 36 Stunden stabil.

Es wurde gesagt, dass sie nach nur einer weiteren Computertomografie aufwachen darf. Ihre Mutter freute sich unglaublich – doch plötzlich mussten sich die Ärzte Sigruns Gehirn doch nochmal genauer ansehen. Wieder musste sie operiert werden, ihr Gehirn wurde Millimeter für Millimeter untersucht.

Draußen war dann plötzlich „OP" im Lautsprecher zu hören und die Angst übermannte Sigrid Benesch. Ihre Tochter war im OP, in ihre Schädeldecke wurde Löcher geschnitten, damit das unerwartet schnell anschwellende Gehirn ausweichen konnte. Es nützte nichts, Sigruns Gehirn schien in die falsche Richtung auszuweichen.

Die letzten 36 Stunden

Aus dem Tagebuch der Mutter Sigrid Benesch:

17. Jänner 1996

Man kann nicht Genaues sagen. Ich glaube, sie stirbt. Am Abend spreche ich mit einem Arzt. Er widerspricht mir nicht.

Ich möchte sie nicht mehr alleine lassen. Ich darf bleiben. Ich will an ein Wunder glauben und kann nicht einmal das. Möchte ich es? Ein Wunder macht Sigrun zu einem Pflegefall.

Will sie das? Vielleicht blind, gelähmt, sprechunfähig, denkunfähig? Ein Körper ohne Gehirn? Ich weiß es nicht.

Ich lasse mir vom Arzt erklären, wie es sein wird, wenn sie stirbt. Einfühlsam beantwortet er alle meine Fragen. Sigruns Wunsch, ihre Organe zu spenden, kann wegen der Medikamente nicht erfüllt werden. Ich weine an ihrer Schulter, ihr Arm um meinen Hals, ihre Hand auf meinem Kopf. Spürt sie das?

Immer wieder schlafe ich ein, erwache eng an sie gekuschelt. Eine Schwester bringt mir Mineralwasser, Tee und einen Liegesessel. Die ganze Nacht lasse ich Sigrun nicht allein. Ihre Nähe gibt mir Kraft und Ruhe.

18. Jänner 1996

Auf Sigruns Stirn sind Reste von Desinfektionsmitteln und Blut. Mit Erlaubnis der Schwester wasche ich ihr liebes Gesicht.

Wie meinte doch Tante Elfgard? „Sie liegt da wie eine schlafende Prinzessin." Ja, so ist es. Eine schlafende Prinzessin. „Engel" wäre zu wahr.

Andrea möchte Sigrun unbedingt sehen. Ich sage dem Arzt, wie dringend ihr Wunsch ist, und dass sie über Sigruns Zustand Bescheid weiß. Es wird ein Weg gefunden.

Sigruns Vater und Opa können es nicht fassen. Sigruns Schwester Elke tut mir unendlich leid. Aber Sigruns seltsame Kraft beruhigt auch Elke, als sie die Wärme und Geborgenheit in Sigruns Arm spürt. Man (auch meine Familie) bittet mich dringend, doch ein Bett im Krankenhaus zu nehmen. Wenn notwendig, werde man mich holen.

Aber das kann ich doch nicht! Vielleicht braucht mich meine Tochter nur noch wenige Stunden. Sie muss spüren, dass ich bei ihr bin, dass ich sie niemals verlasse.

Und ich bleibe bei ihr.

19. Jänner 1996

In der Früh erfahre ich, dass ich bestens geschlafen habe, mit Sigruns Hand in meiner. Ich hab's ja gesagt!

„Mama, hör auf zu kletzeln", würde sie schimpfen. Ich entferne ihr trotzdem so sanft die möglich die Reste der kleinen Schrammen auf der Wange, Stirn und Nase. Ihre Haut ist nun glatt und unverletzt. Am Vormittag wird ein EEG gemacht.

Ihr Gehirn ist tot.

Ihr Körper lebt mit Hilfe von Medikamenten und einer Maschine.

Elke kommt mit Daddy (Sigruns Großvater). Elke und ich sind auch allein mit Sigrun. Wir sind traurig. Wir versuchen, über Sigruns Wünsche zu sprechen. Und Elke, dieses tapfere Mädchen, spricht es aus. „Sigrun würde niemals so leben wollen." Sigrun hat ihr gesagt, dass sie nicht leben möchte, wenn es nur mit Maschinen möglich ist. Elke bittet mich innig, das der Ärztin zu sagen. Sie möchte nicht, dass Sigrun leidet.

Wir reden darüber, dass Sigrun als glückliches Mädchen stirbt. „Wahrscheinlich haben Andrea und sie über den Film gesprochen und dabei gelacht", meint Elke. Ich auch. Wir wollen Andrea nicht fragen, ob das wahr ist. Wir wollen es einfach glauben.

Am Nachmittag wird noch ein EEG gemacht. Ihr Gehirn ist tot.

In der Früh hat Sigruns Taufpatin in Frankreich erfahren, dass Sigrun uns verlässt. Ich weiß nicht, wie sie das gemacht hat, aber sie ist am frühen Abend da. Verzweifelt, wie wir alle. Sigruns Papa und Elke kommen noch einmal. Unendlich schwer ist der Abschied von Sigrun. Keiner will und kann glauben, dass er sie nie wieder sehen und spüren wird.

Sanfte letzte Küsse.

Ich bin wieder allein mit ihr. Diesmal zählen Ärztin und Schwester nicht. Wenn ich es sage, wird aus Sauerstoff Raumluft.

Es ist dunkel im Raum. Die Warntöne der Alarmsysteme werden so weit wie möglich abgestellt.

„Ja.“

Ganz fest nehme ich mein erstes Kind, meine geliebte Tochter in die Arme, lege Kraftsteine und meinen Kopf auf ihre Brust. Ich spüre ihr Herz pochen.
Meine Tränen benetzen ihre warme Haut. Ich bitte sie, ihre Stärke, Liebe, ihren Fleiß und ihren Mut für uns in die Steine übergehen zu lassen. Ich schwöre ihr, gegen den Alkohol am Steuer zu kämpfen.
Was ich ihr sonst noch zuflüstere, gehört nur ihr und mir allein.
Ich höre ihr Herz kaum mehr.
Jetzt höre ich es gar nicht mehr.
Sie hat uns verlassen. Sanft und still, wie es ihre Art war.

Heimkehr aus dem Krankenhaus.

Arthur, der kleine Bruder, der die Schwester immer verehrte, erzählt aufgeregt die Neuigkeiten des Tages.

Dann: „Wie geht's Sigrun? Wann kommt sie wieder heim?"

Pause.

Niemand spricht.

Entsetzt sieht er mich an. Er schmiegt sich an mich, kriecht schluchzend unter meinen Anorak.

„Nie mehr, sie kommt nie mehr heim."

Foto © Franz Schauer, Aigen/E.
Grafik © Jost-Druck, Liezen

Nach dem Tod ihrer Tochter beschloss Sigrid Benesch, gemeinsam mit ihrer Familie gegen Alkohol am Steuer anzukämpfen. Das Tagebuch wurde zur Grundlage einer österreichweiten Kampagne.

Sticker mit Sigruns lächelndem Gesicht und der Aufschrift „ALKOHOL AM STEUER – ICH BIN TOT" wurden gedruckt und vielfach verteilt. Man sah sie in den folgenden Jahren häufig auf PKWs.

Zudem gab die Salzburgerin auch Interviews und hielt Vorträge. „Mein Wunsch ist es, dass Alkohol am Steuer und Raserei zu einem No-Go werden. Wir wollten durch das Bewusstmachen von Leid und Sterben, die durch Alkohol am Steuer verursacht werden, Leben retten. Und das ist uns gelungen. Sigruns Tod hat viele Leben gerettet", erzählt Sigrid Benesch heute.

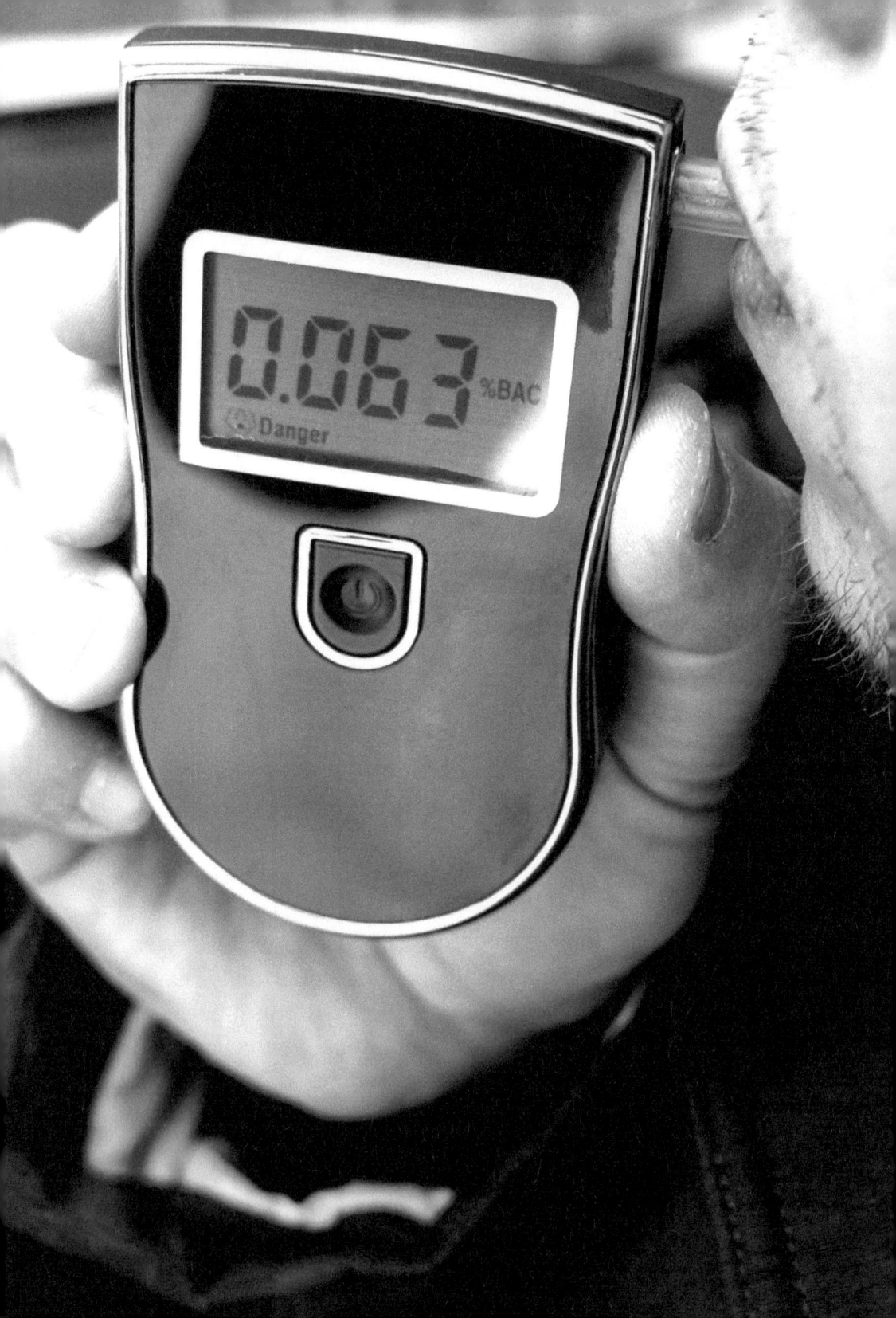

UNFÄLLE –
WIE MAN SIE
VERMEIDEN KANN

Wie ist man sicher und unfallfrei unterwegs? Eine Frage, die nie befriedigend beantwortet werden kann, denn Menschen machen **Fehler**. Fehler können zu Unfällen führen oder auch nicht – und es ist immer auch ein wenig Glück dabei. Selbst wenn man sicher und gut fährt, kann jemand aus dem Nichts auf die eigene Spur rasen und einem jegliche Entscheidungsgewalt nehmen.

Selbst die neuesten Winterreifen kommen gegen manche Straßenbedingungen nicht an und sogar die besten Autofahrerinnen und Autofahrer sind am Ende des Tages nur Menschen, die Fehler machen. Trotzdem kann man mit einem angepassten Fahrverhalten und einem richtig ausgestatteten Auto das Unfallrisiko zumindest verringern. Für viele Situationen gibt es Tipps, die man befolgen und somit die Wahrscheinlichkeit, in einen Unfall zu geraten, ein wenig verringern kann.

Nutzt man die **passive Sicherheit** in ihrem vollen Ausmaß, wie etwa mit der richtigen Sitzhaltung oder indem man ausnahmslos angeschnallt fährt, ist schon viel gewonnen. Diese Sicherheitssysteme funktionieren am besten, wenn sie auf dem neuesten Stand sind:

„Natürlich ist man immer am sichersten unterwegs, wenn man ein 5-Sterne Auto kauft. Da hat man sowohl eine gute passive Sicherheit als auch viele Assistenzsysteme, die Unfälle oftmals verhindern können. Fährt man also mit alten Autos, verzichtet man auf enorm viel technischen Vorsprung, und der finanzielle Vorteil, der im Moment des Kaufes besteht, wirkt sich wiederum stark negativ auf die Fahrzeugsicherheit aus", betont der ehemalige ÖAMTC-Cheftechniker Max Lang.

Wenn **alte Autos** nach den neuen Kriterien getestet werden, sind die Ergebnisse, wie zu erwarten, katastrophal. Das ist hauptsächlich wegen der meist vollständig fehlenden **aktiven Sicherheitssysteme** so, aber auch in allen anderen Bereichen schneiden alte Autos deutlich schlechter ab.

Neue Autos sind jedoch für viele Menschen ein zu großer finanzieller Aufwand. „Man kann natürlich nicht sagen, dass alle neue Autos kaufen sollen. Es gibt ungefähr doppelt so viele Gebrauchtwagenkäufe wie Neuwagenkäufe, da es für viele keine andere Möglichkeit gibt. Aber man kann zumindest darauf achten, dass die Sicherheitsvorkehrungen, die vorhanden sind, problemlos funktionieren. Einen besonderen Fokus sollte man bei älteren Autos auf die **Reifen** legen", empfiehlt Max Lang.

Bei Reifen sollte nicht gespart und auch nicht unterschätzt werden, wie schnell diese nicht mehr hundertprozentig ihren Zweck erfüllen. Reifen müssen oft trotz eines guten Profils getauscht wer-

den, da sowohl bei Benutzung als auch allein durch die fortschreitende Lebensdauer eines Reifens der Weichmacher in der Gummimischung reduziert wird und sich der Gummi deshalb verhärtet. Dadurch haben auch alte, wenig gefahrene Reifen nicht mehr die notwendigen Oberflächeneigenschaften, um für eine sichere Fahrt zu sorgen. Außerdem passiert innerhalb von wenigen Jahren sehr viel bei der Entwicklung von Autoreifen.

 Da Reifen eine geringere finanzielle Belastung darstellen, sind sie viel eher zu tauschen als ein ganzes Fahrzeug.

VERHALTEN IN BESONDEREN SITUATIONEN

 Unter normalen Umständen existieren für sicheres Fahren genau die Regeln, die den meisten Fahrerinnen und Fahrern wohl sowieso schon bekannt und in der Straßenverkehrsordnung beschrieben sind. Dass man etwa nicht zu **schnell** und riskant fahren soll, sich nur im **nüchternen** Zustand hinters Steuer setzen darf oder das **Fahrzeug** in Ordnung sein muss, sind nur ein paar Beispiele der Verhaltensregeln, die man in der Fahrschule ab der ersten Minute vermittelt bekommt.

Doch ungünstige **Wetterbedingungen** und die **persönliche Situation** können Fahrerinnen und Fahrern oft einen Strich durch die Rechnung machen – und sicheres Autofahren zu einer wahren Herausforderung werden lassen.

Besonders in Herbst und Winter sind die richtigen Reifen enorm wichtig, aber auch die eigene Fahrfähigkeit wird einer Prüfung unterzogen. Ein Faktor, der eine starke Beeinträchtigung im Straßenverkehr darstellt, sind die vielen Autofahrten in der **Dunkelheit**. Laut einer Umfrage empfinden sich vier von fünf Autofahrer und Autofahrerinnen bei Dunkelheit beeinträchtigt, ein Viertel fährt sogar nur dann im Dunkeln, wenn es unbedingt sein muss.

In Österreich finden zwar nur weniger als ein Viertel aller Fahrten in der Nacht statt – trotzdem sind rund 36 Prozent aller Verkehrstoten bei Dämmerung oder Nacht zu beklagen. Bei den tödlich verunglückten Fußgängern handelt es sich sogar um rund 55 Prozent.

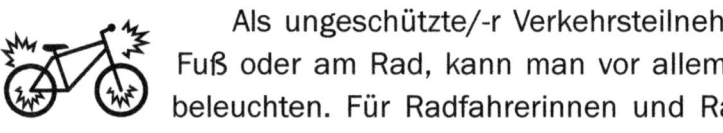

Als ungeschützte/-r Verkehrsteilnehmer/-in, also zu Fuß oder am Rad, kann man vor allem nur sich selbst beleuchten. Für Radfahrerinnen und Radfahrer gibt es genaue Vorschriften, welche **Reflektoren** wo Pflicht sind und welche **Leuchtmittel** eingesetzt werden müssen. Personen, die zu Fuß gehen, helfen sich selbst am besten, indem sie neben Reflektoren auf der Kleidung auch eher auf hellere Mäntel und Jacken zurückgreifen.

Reflektoren benutzen die wenigsten Fußgängerinnen und Fußgänger, aber schon ein knallroter Mantel wird, verglichen mit einer grauen oder schwarzen Jacke, schwerer übersehen und kann die Sicherheit im Dunklen erheblich erhöhen. Als Autofahrer/-in gilt es, unbeleuchtete Personen und Hindernisse auch bei wenig oder gar keinem Licht zu erkennen und entsprechend zu reagieren.

In der dunklen Jahreszeit ist es essenziell, dass die **Scheinwerfer** ausreichend Licht spenden. Trotz automatischer Lichteinstellung kann es sein, dass das dämmrige Licht keine eindeutigen Signale an die Sensoren des Fahrzeugs liefert und dadurch nur das Tagfahrlicht aktiviert ist. Somit ist es sinnvoll, immer wieder selbst zu überprüfen, ob die Lichteinstellung der momentanen Wetterlage entspricht.

Aber nicht nur zu wenig **Licht**, sondern auch zu viel davon kann ein Problem darstellen. Steht die Sonne tief, kann sie stark blenden und die Sicht enorm einschränken. Ist man etwa auf der Landstraße, fährt 100 km/h und ist nur eine Sekunde geblendet, ist man 30 Meter blind unterwegs. Deshalb lohnt es sich, auch im Herbst und im Winter eine **Sonnenbrille** zur Hand haben.

Spiegelungen und Reflexionen, die durch die tiefstehende Sonne entstehen, werden durch eine **saubere Scheibe** vermieden. Daher sollte man sowohl die Außen- als auch die Innenseite der Scheibe am besten regelmäßig von Schmutz befreien. Ebenfalls ist es sinnvoll, die Wischerblätter mindestens einmal im Jahr zu kontrollieren.

Auch durch plötzlich aufkommenden **Nebel** entstehen in der Herbstzeit regelmäßig schwere Unfälle. Die Gefahr ist auf Landstraßen oder Autobahnen groß, besonders in der Früh und abends kann es häufiger zu Nebelbildung kommen. Sollte eine Warnung im Radio durchgegeben werden, ist diese auf jeden Fall ernst zu nehmen. Das Tempo ist bei Nebel, je nach Sichtweite, zu drosseln und die Schlussleuchten und Nebelscheinwerfer sind zu aktivieren. Ist die Sicht schlecht, möchte man vielleicht instinktiv das Fernlicht nutzen – das ist bei Nebel allerdings keinesfalls zu empfehlen. Das starke Licht würde im Nebel reflektieren und dann die Fahrerin oder den Fahrer selbst blenden.

Sollte es trotz aller Vorsichtsmaßnahmen zu einem Unfall kommen, sollte man unbedingt versuchen, das Auto von der Fahrbahn zu entfernen oder zumindest alle Mittel nutzen, um das verunfallte Fahrzeug sichtbar zu machen. Also Warnblinkanlage aktivieren, eine Warnweste anziehen und ein Pannendreieck aufstellen.

Nicht nur bei Nebel, sondern bei **schlechter Sicht** allgemein, egal ob durch Dunkelheit, Nebel oder tiefstehende Sonne, kann eine zu hohe **Geschwindigkeit** fatale Folgen haben. Daher gilt es immer das Tempo an die momentane Sicht anzupassen.

 Zusätzlich sollte man versuchen, plötzliche abrupte Bremsmanöver zu vermeiden und den **Abstand** zum Vordermann groß genug zu halten.

 Fährt man über Hügel oder in eine Kurve, können sich die **Sichtverhältnisse** aufgrund der Sonne schnell ändern, daher ist auch hier Vorsicht geboten.

 Auch das **Überholen** ist bei schlechter Sicht keine gute Idee, bei Nebel ist es lebensgefährlich.

 Sollte man links abbiegen, ist auch das Risiko da, dass man aufgrund des Nebels den **Gegenverkehr** zu spät sieht, daher muss man hier besonders aufpassen.

 Ist es **nass** und die Straßen sind von Laub bedeckt, erhöht sich die Unfallgefahr ebenfalls gewaltig. Besonders Fallobst und Laub verbinden sich zu einer rutschigen Mischung, die jeden Reifen herausfordert. Die Reifen haben – so wie bei einem Wasserfilm auf der Fahrbahn – in diesem Fall keinen direkten Kontakt mit der Fahrbahn.

„Fehlt der Kontakt zum Asphalt, können weniger Kräfte übertragen werden. Der Grip der Reifen fällt weg und so gelangen auch die Sicherheitsassistenten wie ESP und ABS schnell an ihre Grenzen", betont der ÖAMTC- Techniker Steffan Kerbl.

 Das heißt wie bei schlechter Sicht: Geschwindigkeit reduzieren, viel Abstand zum Vordermann, weich lenken und nicht zu abrupt bremsen.

Ein weiteres Schreckensszenario für viele Autofahrerinnen und Autofahrer ist **Aquaplaning**. Bei starkem Regen fließt das Wasser nicht schnell genug von der Fahrbahn ab und kann so den Kontakt der Reifen zum Asphalt vollständig unterbrechen.

In dieser Situation ist es besonders wichtig, Ruhe zu bewahren, denn viele Unfälle entstehen durch unüberlegte und überhastete Reaktionen. Das Lenkrad sollte festgehalten und am besten immer entlang der Fahrrichtung gerichtet werden.

Bei Aquaplaning werden selbst Autos mit Top-Reifen vor die Situation gestellt, dass keinerlei Kontrolle mehr über das Fahrzeug besteht. Daher ist bei starkem Regen immer ein reduziertes Tempo angesagt und sanft und vorrausschauend zu fahren. Wichtig ist, dass die Reifenprofiltiefe passt.

 Im Idealfall haben die Reifen nicht weniger als vier Millimeter Profil. Alles unter drei Millimetern ist problematisch.

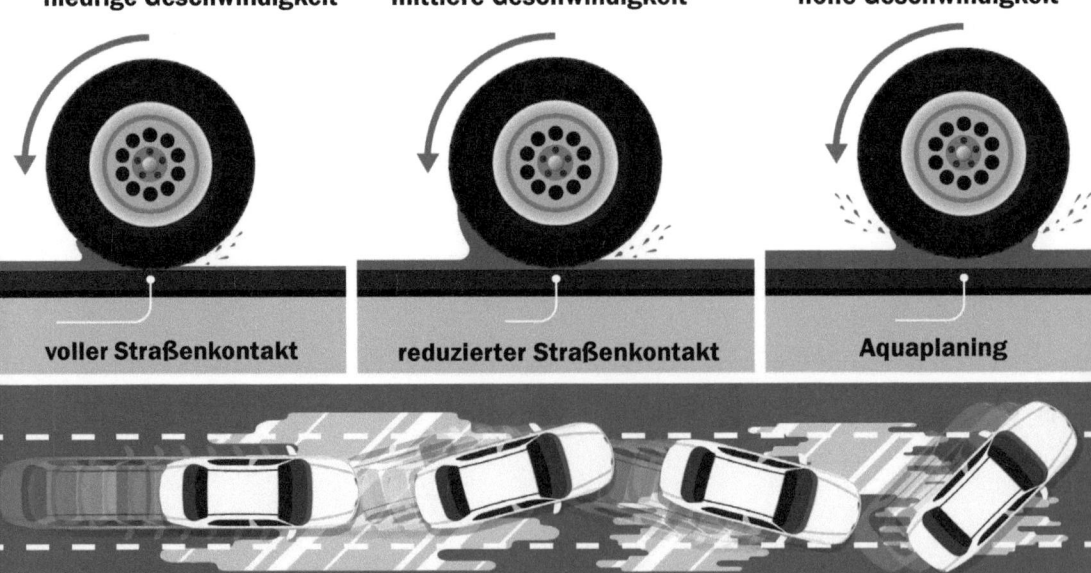

niedrige Geschwindigkeit **mittlere Geschwindigkeit** **hohe Geschwindigkeit**

voller Straßenkontakt **reduzierter Straßenkontakt** **Aquaplaning**

Ablenkung am Steuer

Oft unterschätzt wird die potenzielle Unfallgefahr durch nur kleine **ablenkende Tätigkeiten**, während man am Steuer sitzt.

 Laut einer 2020 durchgeführten Studie vom ÖAMTC lenkten schon Tätigkeiten, wie das Trinken aus einer Wasserflasche oder die Nutzung des Navis, stark vom Verkehr ab und beeinträchtigten somit gravierend das eigene Fahrverhalten.

Autofahrer/-innen verpassten, das Tempo anzupassen, Blick- und Spurverhalten wurden beeinträchtigt und manche waren sogar lange gänzlich „blind" auf der Teststrecke unterwegs. Dadurch wurden Hindernisse zu spät erkannt und Kollisionen konnten nicht mehr verhindert werden,  eine Testperson fuhr sogar ungebremst dagegen. Trotzdem sind viele dieser Dinge, wie z.B. die Handynutzung, alltäglich für Autofahrer/-innen und werden in ihren Auswirkungen nicht ernst genommen.

Auch Aggressionen oder **emotionale Belastungen** beeinträchtigen die Qualität des Fahrstils. Streit oder schwerwiegende Themen sollten in Unterhaltungen beim Autofahren besser vermieden werden, besonders da hier keine Rückzugsmöglichkeit besteht. Wut und Frustration wirken sich auf das Fahrverhalten aus, oft wird auch nicht mehr rational gehandelt.

Gerät man trotz aller Vorsätze in einen Streit, ist eine Möglichkeit, das Fahrzeug sicher anzuhalten, bis sich die Situation beruhigt hat. Ist das nicht möglich, kann man versuchen vom Thema abzulenken – so oder so sollte die Situation so schnell wie möglich beendet werden, da emotionale Belastungen wie diese schnell zu Fehlern und somit zu schweren Unfällen führen können.

LEBEN RETTEN

Schafft man es, das eigene **Fahrverhalten** immer an die Situation anzupassen, ist es durchaus realistisch, sich in den meisten Fällen vor einem Unfall zu bewahren – allerdings gibt es keine Garantie.

Leider existiert kein Rezept, um Unfälle immer zu vermeiden, doch jeder und jede kann für sich selbst entscheiden, wie sicher er oder sie im Verkehr unterwegs sein möchte.

 Ob es wirklich notwendig ist, zu überholen, oder die 10 km/h schneller unterwegs zu sein. Oder ob man nicht doch mehr Fokus auf die Sicherheit des Fahrzeugs legen sollte als auf Leistung und Optik.

Unfallfrei fahren ist manchmal ein Wunschtraum, sicherer fahren aber ist ein erreichbares Ziel. Ein Ziel, das durch kleine Veränderungen im Fahrverhalten jedes einzelnen Verkehrsteilnehmers und jeder einzelnen Verkehrsteilnehmerin erreicht werden kann.

Es ist eine bewusste Entscheidung, die wir alle treffen können.

Die bewusste Entscheidung, Leben zu retten.

EXPERTINNEN, EXPERTEN UND MITWIRKENDE

Das vorliegende Buch wäre ohne die tatkräftige Mitwirkung zahlreicher Expertinnen und Experten sowie der Auskunft betroffener Personen nicht möglich gewesen. Ich bedanke mir daher bei allen sehr herzlich für ihre Unterstützung!
Im Folgenden möchte ich die befragten ÖAMTC-Expertinnen und Experten sowie unsere Vorwort-Spenderin kurz portraitieren.

Dr. Maximilian Lang

© ÖAMTC

1974 bis 1980 studierte Max Lang an der Technischen Universität Wien Maschinenbau und wurde 1984 Doktor der technischen Wissenschaften. Nach dem Studium arbeitete er an der TU Wien als Assistent am Institut für Verbrennungskraftmaschinen und kam 1984 zum ÖAMTC im Bereich Verkehr und Konsumentenschutz. Von 1999 bis 2018 war er als Cheftechniker beim ÖAMTC tätig. Er war Gründungsmitglied des europäischen Crashtest-Programmes Euro NCAP und hat in Sachen Fahrzeugsicherheit und Umweltschutz Pionierarbeit geleistet. Er unterrichtete von 1992 bis 2018 an einer Technischen Mittelschule (TGM). Heute ist er Konsulent beim ÖAMTC im Bereich Verkehr und Konsumentenschutz.

© ÖAMTC

Mag. Marion Seidenberger

Die Verkehrspsychologin des ÖAMTC studierte Psychologie an der Universität Wien und absolvierte auch ein Praktikum an der Medizinischen Universität Wien. Seit 1998 ist sie beim ÖAMTC, heute als Leiterin der Abteilung Psychologie. Dort ist sie unter anderem für die Organisation und Durchführung von Verkehrssicherheitsstudien verantwortlich. Zusätzlich erstellt Marion Seidenberger Unfallstatistiken, gibt Mitgliedern des Clubs Auskunft und hält zahlreiche Vorträge. Sie kooperiert oft mit Medien und unterstützt Journalistinnen und Journalisten mit ihrer Fachkenntnis.

© ÖAMTC

Ing. Steffan Kerbl

Steffan Kerbl absolvierte nach der Pflichtschule das TGM in Wien in der Fachrichtung Maschinenbau. Er war Konstrukteur der Linienbusse von MAN und ebenfalls für Lagerlogistik und Kundenservice der Firma Kerion tätig. Seit 1993 ist er Testingenieur in der Konsumentenschutzabteilung des ÖAMTC, seit 2005 Leiter der Testabteilung. Unter seine Tätigkeiten fallen etwa die Vertretung des ÖAMTC in diversen Normungsgremien, vergleichende Warentests, Technologiebewertung und Öffentlichkeitsarbeit.

Mag. Krimhild König

© Anna Sophia König

Krimhild König studierte Musikerzie-
hung und Germanistik in Leipzig und
absolvierte ein Masterstudium in Medi-
ation und Konfliktmanagement an der
Universität Klagenfurt, bevor sie sich
der Psychotherapie zuwandte. Ihrer Wei-
terbildung zur Traumatherapeutin für Erwachsene (EAPTT) folgte die Ausbildung
zur Säuglings-, Kinder- und Jugendli-
chen-Therapeutin mit anschließender Traumatherapie-Weiterbil-
dung für Kinder und Jugendliche (PITT-KID) sowie eine Ausbildung
in Hypnosystemischer und Focusing-Therapie. Sie arbeitet in freier
Praxis in Linz/Donau.

Sabine Peterbauer

© Hartlauer

Die Mutter der im April 2020 verstorbenen Kati Koch engagierte sich seit dem Unfall für mehr Sicherheit im Verkehr. Sabine Peterbauer kämpfte für strengere Regeln gegen das Autorasen in Österreich und hatte Erfolg – 2021 realisierte sich, ausgehend von Kati Kochs tragischem Todesfall, das von Leonore Gewessler (Grüne) und Salzburgs Verkehrslandesrat Stefan Schnöll (ÖVP) vorgestellte Raser-Paket. Das Kuratorium für Verkehrssicherheit zeichnete die Salzburgerin 2021 für ihr Engagement mit einem Sonderpreis für Zivilcourage aus.

Der von ihr gegründete Verein „Kati Koch Hilfsfonds für trauernde Eltern" unterstützt hilfsbedürftige Eltern mit einem Zuschuss zu den Begräbniskosten, um diesen eine würdevolle Verabschiedung ihres verstorbenen Kindes zu ermöglichen.

„Ich habe noch einen Sinn in meinem Leben gefunden: meinen Einsatz für strengere Strafen gegen Autoraser und meine Aufklärungsarbeit gegen rücksichtsloses Fahren und Rasen an Fahrschulen und Höheren Schulen. Damit anderen Müttern das erspart bleibt, was ich durch Katis Tod erleben musste."

www.katikoch.at

"Das Leben hat einen Sinn und behält es unter allen Umständen, auch im Leiden." (Viktor Frankl)

QUELLEN

Die im Buch zitierten Aussagen von unfallbeteiligten Personen stammen aus einem anonymisierten Online-Fragebogen. Diese Befragung führte Autorin Verena Schauer im Zeitraum 1. Februar bis 1. November 2021 durch.

Sonstige Quellen (Abrufdatum 23. Februar 2022):

www.mein-autolexikon.de/magazin/forschung-und-produktent-wicklung/grosse-verdienste-im-automobilbau-bela-barenyi.html

www.autoscout24.de / Innofact; Basis: repräsentative Stichprobe von 1.002 Autohaltern zwischen 18 und 65 Jahren; Befragungszeit-raum: 1. bis 5. Oktober 2020;

Statistik Austria, Unfälle mit Personenschaden, Bearbeitung ÖAMTC Unfallforschung

www.oeamtc.at/thema/verkehr/gefahr-ablenkung-am-steu

www.oeamtc.at/presse/oeamtc-streit-und-aggressionen-im-auto-als-gefahr-47785317

AUF ZU DEN ALTEN GRIECHEN!

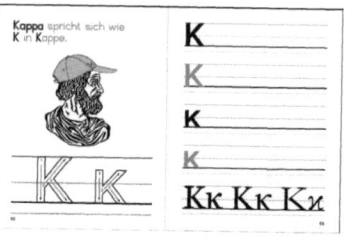

HEUREKA! Alle haben hier die Chance, auf unterhaltsame Art und Weise das **altgriechische Alphabet** zu lernen. Mit nur 10 Minuten Aufwand pro Tag werdet ihr in einem Monat Altgriechisch lesen und schreiben können – ohne Nachhilfe, dafür mit viel Spaß. Wie das klappen kann? Ganz einfach!

Für jeden Buchstaben von Alpha bis Omega gibt es ein witziges Kapitel. In den insgesamt 24 Abschnitten finden sich mehrere illustrierte Eselsbrücken, die den betreffenden Buchstaben zum Thema haben: Philosophen, Krieger, Glücksspiel, Reptilien und weitere bunt gemischte Elemente helfen beim Merken. Auch dann, wenn es um Besonderheiten der griechischen Schrift geht. Unterhalb der Merkhilfen wird die richtige Strichfolge für jeden Groß- und Kleinbuchstaben genau erklärt. Anschließend geht es darum, den Buchstaben mit einem Stift nachzufahren und einige Male ohne Hilfe selbst zu schreiben.

Besonderheiten werden kurz und bündig erklärt. So sitzt die korrekte Aussprache von Anfang an. Zur Vermeidung typischer Schreib- und Lesefehler werden im Kapitel „Vorsicht, Falle!" die gängigsten Stolperfallen enttarnt. Als Selbstüberprüfung gibt es alphabetisch sortierte deutsche Wörter in griechischer Schrift. Die kompakte Schummelliste bietet auf einen Blick Auskunft über das gesamte Alphabet.

168 S. Paperback
ISBN: 978-3-99082-052-0

Du liebst **Farbratten**, bist bereits stolzer Halter eines quirligen Ratten-Rudels oder gerade auf dem besten Weg dorthin? „Rattenliebe" hilft dir, den Alltag mit deinen Fellnasen einfach und abwechslungsreich zu gestalten und die Pflege der Langschwänze zuverlässig zu organisieren. Zahlreiche Eintragungsseiten machen dieses vielfältige Bullet-Journal darüber hinaus zu einem unvergesslichen Abenteuer- und Erinnerungsalbum.

132 S. Paperback
ISBN: 978-3-99082-021-6

Mach dich frei von Schmerzmitteln und Kauf-Produkten zur Monatshygiene! Dies ist ein Buch zur **Freien Menstruation** für alle Mädchen und Frauen, die auf regelmäßige Regelschmerzen und traditionelle Produkte zur Menstruationshygiene ganz einfach verzichten wollen. Egal, ob du für deine Periode bislang Tampons, Binden oder Menstruationsbecher verwendet hast: Hier erfährst du, wie du all das rasch hinter dir lässt.

76 S. Paperback
ISBN: 978-3-902647-45-0

Woher weißt du, wann die **Regel** beginnt? Das Führen eines Menstruationskalenders kann dir unkompliziert Auskunft darüber geben, wann in etwa die nächste Regelblutung einsetzt. Im Buch „Alle meine Tage" kannst du deine nächsten 50 Zyklen schriftlich festhalten und gewinnst so eine schöne Übersicht über die zutiefst weiblichen Vorgänge in deinem Körper. Auch praktisch für Kinderwunsch oder Verhütung mittels NFP.

112 S. Paperback
ISBN: 978-3-902647-51-1

Es gab eine Frau, die hat ihr Leben lang für die Gerechtigkeit gekämpft: Ruth Bader Ginsburg (1933–2020).

Sie war Professorin, Anwältin und schließlich Richterin am obersten Gericht der USA. Doch weil sie eine Frau war, hat man sie oft unterschätzt.

• Wofür hat sich Ruth Bader Ginsburg eingesetzt?
• Welche Hindernisse musste sie überwinden?
• Wie konnte sie die Menschen überzeugen?
• Was waren ihre Träume?

In diesem spannenden Buch findet ihr die Antworten, auch auf viele weitere Fragen. In leicht lesbarer Druckschrift. Als Schullektüre und für die Schulbibliothek geeignet. Mit Kreativ-Seiten zur eigenen Gestaltung.

Außerdem in der Reihe „Starke Frauen" erschienen:

starkefrauen-buch.de

In einer Stadt vor unserer Zeit
Heike Wolter
unter Mitarbeit des P-Seminars Geschichte am Gymnasium Neutraubling
10 Spaziergänge durch die Geschichte von Regensburg
· Ungewöhnliche Stadtansichten
· GPS-Daten
· Detaillierte Karten und umfassende Zusatzinformationen

Alpenüberquerung mit Kindern
Heike Wolter
Familienwanderung E5 in 10 Tagen
+ Tipps für jedes Wetter
+ Routen für E5 Tagestouren

Das Klassentreffen-Freundebuch
Caroline Oblasser
Für die wichtigsten Erinnerungen und Erkenntnisse nach der gemeinsamen Schulzeit
Wer, Was, Wo? Sammle Antworten!

Schwanger im Advent
Nicole Schäufler
Ein Adventskalender für alle werdenden Mütter

Mamas Bauch wird kugelrund
Regina Masaracchia / Ute Taschner
Ich weiß jetzt wie 1
Das Kindersachbuch zum Thema Aufklärung, Sex, Zeugung und Schwangerschaft

edition riedenburg
Dein Verlag.
editionriedenburg.at